Ernst von Hesse-Wartegg

Nordamerika

Ernst von Hesse-Wartegg

Nordamerika

ISBN/EAN: 9783744634038

Hergestellt in Europa, USA, Kanada, Australien, Japan

Cover: Foto ©Andreas Hilbeck / pixelio.de

Weitere Bücher finden Sie auf **www.hansebooks.com**

Nord-Amerika.

Von

E. v. Hesse-Wartegg.

IV. Band.

All rights reserved.

Alle Rechte vorbehalten.

Entered according to Act of Congress, by Ernest v. Hesse-Wartegg,
in the year 1879 in the office of the Librarian of Congress. Washington, D. C.

I. Theil. Die atlantischen Südstaaten.

1. Florida.

Unter all' dem halben Hundert von Staaten und Territorien, aus denen die nordamerikanische Staatenunion besteht, ist Florida entschieden der interessanteste. Als einer der ersten von den Spaniern entdeckt, ist er doch gegenwärtig der letzte in der Kultur. Für Handel und Landwirthschaft ungemein günstig, blieb doch gerade dieses Gebiet gänzlich vernachlässigt. Der jüngste Staat der weißen Civilisation, besitzt er doch die ältesten Monumente derselben.

Erst in den letzten drei bis fünf Jahren wurde Florida das Ziel europäischer und amerikanischer Einwanderer, erst in der neuesten Zeit erschloß sich dieses einzige Land Nordamerikas, „wo die Citronen blühen", der weißen Kultur, und gegenwärtig, seitdem die unendliche Fruchtbarkeit, das zum Theil günstige Klima und die Schönheit des Landes bekannt geworden, fließt der Menschenstrom unaufhörlich nach der großen Halbinsel.

In Europa ist Florida nur sehr wenig bekannt, die Karten der europäischen Geographen zeigen in Bezug auf dieses Tropenland ebenso unschuldige, makellos weiße Fleckchen, wie das Innere von Afrika.

„Die Halbinsel Florida*) erstreckt sich von dem nordamerikanischen Festlande weit in den Ocean hinein und trennt den mexikanischen Golf vom Atlantischen Meere. Sie reicht vom 31. bis zum 33. Grade nördlicher Breite und trägt zumeist einen tropischen Charakter. Auf keinem Punkte erhebt sich das Land mehr als 300 Fuß und die Gestaltung desselben ist sehr eigenthümlich. Vor den Küsten liegen viele Strandlagunen, im Süden und Südwesten starren Corallenriffe, sogenannte „Cayes" oder „Keys" aus der See empor und sind der Schifffahrt sehr gefährlich. Unter den Flüssen ist der St. Johns (San Juan) der größte; er kommt aus einem großen Cypressensumpfe und hat einen sehr gewundenen Lauf. Es gehört zu den Eigenthümlichkeiten Floridas, daß einige Flüsse plötzlich unter der Erde verschwinden, andere dagegen ein so

---

*) Globus 1869.

mächtiges Quellwasser haben, daß sie, wie der Wakulla, sofort von Booten befahren werden können. Im südlichen Theile bilden die sogenannten Everglades*) eine merkwürdige Erscheinung. Sie reichen vom südlichen Ufer des Okechobee-Sees etwa 90 englische Meilen nach Süden hin und haben eine Breite von 30 bis 50 Meilen. Das Wasser dieser „nassen Wüstenei" ist süß, die Tiefe beträgt 1 bis 8 Fuß und aus derselben steigen hundert und aber hundert niedrige Inseln als grüne Oasen empor. Ein Theil dieser Wasserfläche der Everglades, welche einen Flächenraum von mehr als 8 Millionen Acker Landes bedecken, liegt einige Monate im Jahre

In Florida: Die „Everglades".

trocken. Im Nordwesten der Halbinsel finden wir die Region der „Swamps", deren zahlreiche Sumpfmoräste sich bis über den 29. Grad hinauf erstrecken."

Das ist das allerdings nicht einladende, traurige Bild eines schönen Landes, dem einstens — vielleicht schon in wenigen Jahrzehnten — für Amerika dieselbe Aufgabe zufallen wird, wie Italien oder Egypten für Europa. Schon gegenwärtig versorgt es Amerika und Europa mit den herrlichsten Orangen, mit Tabak, Zucker, Baumwolle und Feldfrüchten, während sein mildes Klima es im Winter zum beliebtesten Aufenthalt der leidenden Menschheit macht.

*) Sümpfe, mit üppiger Tropenvegetation.

Es war auch im Winter, als wir auf dem von Savannah im Staate Georgia kommenden Dampfer dem Tropenlande zufuhren. Man glaubte sich in der That in die Tropen Brasiliens oder Indiens versetzt, wenn man von hoher See kommend, in die südlich der Staatengrenze von Georgien gelegene breite Mündung des St. Johns-Flusses hineinsteuert. Die frische scharfe Seeluft wird plötzlich durch eine Wärme verdrängt, die trotz des Wintermonates, in dem wir uns befinden, der Frühlingstemperatur unserer Heimath gleicht. Mit ihr harmonirt die üppige Vegetation der Tropen, denn so weit das Auge reicht, sieht man die niedrigen sandigen Ufer mit der prachtvollen, immergrünen Lebenseiche, dem Palmettostrauch, allen möglichen Cactusarten und Aloën bewachsen, von denen die beiden letzteren ganze Flächen mit ihren aus der Ferne so anmuthigen Kontouren bedecken. Von Kultur ist hier, bis auf ein verfallenes Fort und den hohen, die Einfahrt in den Fluß bezeichnenden Leuchtthurm von Hazard, noch nichts zu bemerken, obschon wir uns nur wenige Meilen von der am St. Johns-Flusse gelegenen Staatshauptstadt Jacksonville befinden. (Der Regierungssitz von Florida

Florida: In den „Swamps".

befindet sich in Tallahassee.) Die Ufer des Stromes sind hier seicht und die Landungs-
werften an denen unser Dampfer hier und da anlegt, reichen deshalb weit in den
Strom hinein. Unter den Passagieren, die wir hier absetzten oder aufnehmen, zeigt sich
selten ein weißes Gesicht, was unsere Täuschung noch vollständiger macht, und die mit
elendem Baumwollzeug aufs dürftigste bekleideten, häufig halb nackten Neger
(wir sind im Winter!) drängen sich massenhaft heran, um dem großen Ereigniß ihres
elenden täglichen Lebens, der Ankunft des Dampfers, beizuwohnen. Dumm, schmutzig,
halb verhungert, mitunter ohne alle Bekleidung bis auf eine kurze Schürze, so
repräsentiren sich diese ehemaligen Sclaven und gegenwärtigen „Gentlemen", diese
Afrikaner, welche mit dem hochgebildeten Weißen die gleichen Rechte besitzen und
mit ihm vor dem Gesetze auf derselben Stufe stehen. Ihre Hütten, die hier und da
am Ufer entlang zerstreut liegen, zeugen von bitterster Armuth und Trägheit.
Von Fenstern ist meist keine Spur zu finden. Lose, halb verfaulte, von irgend
einem gestrandeten Dampfer herrührende Breter werden zur Nachtzeit als Thüre
verwendet, um dem scharfen Luftzug, aber auch den wilden Thieren den Zutritt
zu verwehren. Ein Weißer könnte auf diesen schlammigen Ufern des St. Johns
nicht leben, nur an einzelnen, höher gelegenen und trockeneren Stellen führt
er eine elende, durch Wechselfieber verherrlichte Existenz. Der Neger aber wird
von den Miasmen des Flusses nicht berührt und selbst in den günstigsten Länder-
strichen von Florida geht es ihm in Bezug auf seine Gesundheit besser als dem
Weißen. —

Das Anhalten auf den Stationen des St. Johns währt nur kurze Zeit und
geschieht in südländisch nachlässiger Weise, die den Europäer anfänglich nicht wenig
wundert. Der Bug des Bootes streift an der Landungsbrücke, in einiger Entfernung
von ihr vorüber, dann heißt es: „Spring, Kerl!" und zwar je weiter je schwärzer
die Farbe des betreffenden Passagiers ist. Der Neger hat bei dieser kategorischen
Landungsmethode den weitesten Satz zu wagen, gewöhnlich erreicht er das Ufer
gleichzeitig mit einem Hagel von Säcken, Fässern und Kisten, die ihm, als hierher
gehörig, ohne Rücksicht auf den Inhalt nachgeworfen werden. Nicht selten bleibt
er mit der Waare gleichzeitig auf der Landungsbrücke liegen oder fällt in den
trüben Fluß hinab, um erst von seinen farbigen Landsleuten aus Land gezogen zu
werden. Glücklicherweise weicht die Kleidung dieser „ackerbauenden Gentlemen" so
wenig von unseren europäischen Schwimmhosen ab, daß man bei dem bekannten
Schmutz der Neger diese komische Landungsweise der Dampfer beinahe als civilisatorische
Mission betrachten könnte.

Doch weiter. Der kleine Dampfer wühlt sich mühsam durch die trüben Gewässer
des breiten Stromes. An einzelnen erhöhten, vom Walde befreiten Stellen sieht man
hübsche, von Palmen überschattete Häuschen europäischer Einwanderer, die desto

häufiger werden, je weiter wir stromaufwärts fahren, nach wenigen Meilen haben wir Jacksonville erreicht.

Die Stadt ist gar zu originell, gar zu verschieden von ihren amerikanischen und europäischen Schwestern, als daß wir die Landschaften Floridas besuchen könnten, ohne sie zuvor flüchtig zu durchstreifen. Sie ist entschieden die erste und bedeutendste Handelsstadt, man könnte sagen das New-York Floridas; der Fingerhut voll Civilisation, dessen sich der Staat rühmen kann, ist hier in der Metropole des St. Johns-Flusses pillenweise recht sorgsam vertheilt. Die Eisenbahn war es, welche diesen Fingerhut voll nach Jacksonville brachte. Aber auch dies nimmt uns Wunder, denn zumeist laufen die Züge von den elenden telegraphendrahtartigen Schienen rechts und links in die Sümpfe oder ins freie Feld. Es giebt auf Gottes weiter Erde wohl keine elendere Bahn als diese, und es ist durch die Statistik erwiesen, daß hier anfänglich jeder dritte Zug von irgend einem Unglücksfalle betroffen wurde. Die Hauptverkehrslinie von Florida ist deshalb auch noch immer der St. Johns-Fluß geblieben, dieser schönen Wasserstraße allein ist es zuzuschreiben, wenn sich in neuerer Zeit so viele Weiße bis ins Innere von Florida wagen.

Jacksonville zieht sich mit seinen breiten geraden Straßen, ziemlich stattlichen Gebäuden und großen Hôtels amphitheatralisch an dem Flußufer hinauf, die weiten Balcons und Veranden an den Häusern und das überall durchschimmernde dunkle Grün der Palmen und Cypressen geben dem Orte ein recht freundliches Aussehen. Aber auf dieses Aussehen beschränkt sich die ganze Freundlichkeit der Stadt. Das sahen wir, als wir uns in dem besten Hôtel der Stadt einlogirten. Jacksonville ist nämlich nicht nur die Hauptstadt Floridas sondern gleichzeitig auch die Metropole der scheußlichsten Insecten, die nur jemals zum Aerger der Menschheit erschaffen wurden.

Vor Allem der Mosquito's. Man erzählte mir (und ich fand diese anscheinende Münchhauseniade durch andere Quellen mehrfach bestätigt) daß diese Insecten in den heißen Sommermonaten so massenhaft erscheinen, daß ihre Schwärme nicht allein Lampen auslöschen, sondern auch das Anzünden von Feuern im Walde absolut unmöglich machen. Gewiß ist jedoch, daß weiter südlich am Halifax-Flusse neu angekommene Emigranten ihre ganz bedeutenden Niederlassungen aufgeben mußten, weil sie sich dieses Ungeziefers nicht mehr erwehren konnten und Manche durch die fortwährende Schlaflosigkeit nahe daran waren, ihren Verstand zu verlieren*).

Ebenso lästig aber noch gefährlicher sind die Sandflöhe, die wie die Mosquito's ganze, sonst äußerst fruchtbare Länderstrecken durch ihr massenhaftes Auftreten unbewohnbar machen. Sie werden von den Amerikanern „Jiggers" genannt. Diese

*) N.-Y. Belletr. Journal 1874.

kleinen, kaum sichtbaren Ungethüme bohren sich durch Leder und Kleidung bis auf den Körper des Menschen und setzen sich unter der Haut fest, äußerst schmerzhafte, gefährliche Beulen von der Größe einer Erbse bildend. Das Herausschneiden dieser Eindringlinge ist mit großer Gefahr verbunden, es hat sich deshalb in Florida eine eigene Klasse von Jiggerdoktoren herangebildet, die für ein. Cents amerikanischen Geldes diese Operation ziemlich geschickt vollführen.

Diese satanischen Insekten bilden ganz entschieden ein bedeutendes Hinderniß der Besiedlung Floridas. Bei dem sumpfigen Terrain gesellen sich dazu noch alle möglichen Fieberarten, unter denen natürlich das Wechselfieber eine große Rolle spielt. Von den Alligatoren und Schlangen &c. bekamen wir in Jacksonville vorderhand wenig zu sehen. Desto bessere Bekanntschaft machten wir dagegen mit einem weiteren Uebelstande, der schlechten Kost.

Jacksonville ist hauptsächlich eine Handelsstadt und im Winter „vielleicht" ein Curort, wenn ein Curort mit den oben angeführten Uebelständen überhaupt bestehen kann. Von Industrie ist nicht die geringste Spur vorhanden, ja selbst mit Schuster : und Schneidern hat es seine liebe Noth. Alle Bedürfnisse des Lebens werden vom Norden eingeführt; die hier und da nothwendigen Flickereien der Kleider besorgt irgend ein schmutziger, alter Neger, wenn man den Muth hat, ihm dieselben anzuvertrauen. Aber im Handel, als die Durchzugsstadt aller für die Ansiedler Floridas bestimmten Waaren und als Hauptsitz des Landverkaufes an Emigranten hat Jacksonville ziemliche Bedeutung. Diesen Ländereien mit ihren Tabak-, Baumwoll-, Reis- und Zuckerplantagen waren unsere folgenden Ausflüge gewidmet und es seien hier nur einige Daten über den Preis der Ländereien und ihre Einrichtung angeführt.

Neben dem Waldlande, das weitaus den größten Theil des Staates bildet (von den 37 Millionen Ackern sind 30 Millionen Acker Waldland) findet man auf der Halbinsel noch „Swampland" und hohen und niederen „Hummock". Die Swampländer haben den reichsten und fettesten Boden, der in der That unerschöpflich genannt werden kann, sobald er mit Wasserabzugsgräben versehen wird. Am vorzüglichsten gedeiht hier das Zuckerrohr, dessen Ertrag das Doppelte der Plantagen von Louisiana erreicht. Der Preis dieser etwa eine Million Acker umfassenden Ländereien beträgt zwei Dollars pro Acker.

Die Hummocks unterscheiden sich von den Waldländern dadurch, daß ihr Boden mit dem üppigsten Strauch- und Schlingpflanzenwuchs überdeckt ist, während das „Pineland" offen ist. Die niederen Hummocks unterscheiden sich nur wenig von sumpfigem Waldlande. Wenn ihr Boden sich auch sehr gut für Zuckerrohr und Reis eignet, so ist doch ihre Urbarmachung mit den größten Schwierigkeiten verknüpft. Deshalb ist auch ihr Preis so niedrig gestellt, daß man für 25 bis 30 Dollars hundert Acker kaufen kann. Besser ist der hohe Hummock, aber am günstigsten für die Urbarmachung bleiben doch die Swampländereien, deren Preis hauptsächlich von ihrer Zugänglichkeit abhängt.

Florida: Ein Mitgner nach dem Sommerschlaf.

Die Fahrt auf der nur flüchtig berührten Eisenbahn zwischen Jacksonville und Savannah, der Hauptstadt des Staates Georgien, blieb uns doch vorbehalten, denn einer der zudringlichen Landagenten, die Jacksonville wie Mosquitos umschwärmen und jeden Ankömmling mit ihren Anträgen zum Landkaufe überfallen, lud uns ein, die Agrikulturgegenden des nördlichen Florida zu besuchen, das konnte nur auf der genannten Golfeisenbahn — dies ihr Name — geschehen.

Die Reise ist im wahren Sinne des Wortes ein Unternehmen. Es war uns unmöglich, Sitze in einem Schlafwagen zu nehmen, da uns der Zugconducteur nicht gerade zu unserer Beruhigung versicherte, sie ständen alle etwa 60 Meilen von Jacksonville entgleist im freien Felde, man habe in der letzten Woche keine Zeit gehabt, sie zurück auf die Schienen zu schaffen. „Uebrigens", bemerkte er, „kam bei diesen Entgleisungen kein einziger Todesfall vor, ein paar Arm- und Beinbrüche waren Alles." Also unseres Lebens konnten wir sicher sein, aber jedenfalls erschien es uns sonderbar, daß beim Lösen der Billets kein Agent den üblichen „Lebensversicherungsschein" anbot, wie es doch auf den meisten Bahnen Sitte ist. — Wahrscheinlich waren die Verluste der betreffenden Gesellschaft so groß gewesen, daß sie es für Gewinn hielt, wenn man sein Leben nicht versicherte. Die Todesarten, denen man hier auf der Bahn ausgesetzt ist, sind übrigens sehr einfach. Entweder man stirbt rasch bei einem Zusammenstoß oder einer Entgleisung, oder aber man stirbt langsam — an Altersschwäche, — bevor man das Ziel seiner Reise erreicht.

Wir waren diesmal glücklich, denn nicht der leiseste Unglücksfall hat unseren Zug betroffen, obgleich wir die Spuren früherer Zusammenstöße ꝛc. in den neben den Geleisen umherliegenden Waggontrümmern sahen. Wir konnten uns nach dieser Fahrt wenigstens die Ursachen der häufigen Unglücksfälle erklären. Die Schwellen waren nichts als längliche Splittermassen; die Schienen reine Sägeblätter, von denen verrostete Späne wie Schilfblätter abstanden. Von Stationen, Bahnwächtern ꝛc. war natürlich auf der ganzen Strecke keine Rede, man wußte wirklich nicht, ob man den Muth der Eisenbahn-Gesellschaft oder den der Passagiere mehr bewundern sollte, den Muth der ersteren, weil sie ihre Lokomotiven und Waggons wissentlich ins Verderben rennen läßt, der letzteren, weil sie sich wissentlich diesen Zügen anvertrauen.

Allein wir bekamen hier Gelegenheit, etwas von den Agrikulturgegenden des nördlichen Florida und südlichen Georgien wahrzunehmen. Entschieden ist das letztere kultivirter und fruchtbarer. Die Staatsregierung thut eben wie jene der westlichen Prairie-Staaten alles Mögliche, um die Einwanderung zu heben und den Ackerbau zu befördern.

Die Hauptprodukte der Gegenden, die wir durchfuhren, bestanden in Reis, Baumwolle und Zucker, dies erklärte uns auch theilweise die Unscheinbarkeit und das vernachlässigte Aussehen der Wohnungen der Pflanzer, die wir ursprünglich der Armuth und Trägheit der letzteren zugeschrieben hatten. Der Boden nämlich, wo der

Reis wächst, ist dem Organismus des Weißen tödlich und so wohnt denn der letztere auch nur so lange auf seiner Plantage, als es die Nothwendigkeit erheischt.

Mit der Landwirthschaft geht hier in den großartigen, ausgedehnten Urwäldern die Holzgewinnung, oder besser die massenhafte Waldausrottung Hand in Hand. Es ist ja bekannt, daß in den Vereinigten Staaten bis gegenwärtig zur kein Forst- oder Waldschutzgesetz existirt, daß mit den Waldungen von Carolina und Georgien in wahrhaft vandalischer Weise verfahren wird. Die Unternehmungen, die mit New-Yorker oder Bostoner Kapitalien hier gegründet wurden, sind von imponirender Größe, und überall, wo der Boden der Fortschaffung des Holzes zur Eisenbahn oder zur nächsten Wasserstraße günstig ist, sieht man ganze Batterien von Dampfbretsägen und Sägegattern aufgestellt. Terpentin wird hier aus den saftvollen Fichten auch in großer Menge gewonnen, man kann halbe Meilen lange Strecken hindurch jeden Baum angeschlagen sehen. Das ist Forstwirthschaft in Amerika. Gewinn um jeden Preis ist hier die Parole, zu spät werden diese amerikanischen Vandalen einsehen, daß sie mit den Waldungen ihren eigenen Wohlstand vernichtet haben.

Der europäische Ansiedler wird in Florida und Georgien, wie wir mehrfach zu erfahren Gelegenheit hatten, mit offenen Armen begrüßt, es herrscht hier dieselbe Liberalität und Gastfreundschaft, wie in Kansas und Jowa. Es wird jedem Immigranten auch hier bald gut gehen, wenn er Fleiß und vor Allem — Capital besitzt. Ohne Capital wird er Arbeit und Auskommen, mit Capital aber bald Reichthum finden, denn das nördliche Florida ist bei weitem mehr der Civilisation eröffnet, als das mittlere und die dortigen Uebelstände und Landplagen treten im nördlichen Theil viel schwächer auf.

Die vielen Deutschen, die in Florida wohnen, sind zum größten Theil Industrielle oder Gastwirthe. „Gastwirth" zu sein, ist für den niederen Deutschen in Amerika überhaupt häufig das Ziel seiner Wünsche, man wird nicht fehl gehen, wenn man drei Viertheile sämmtlicher Gastwirthe und Brauereibesitzer zu den Deutschen rechnet. So auch in Florida, wo ihnen übrigens noch ein weites Feld offen steht.

Die Hauptindustrie jedoch, mit der sie sich beschäftigen und die in Florida überhaupt einen bedeutenden Aufschwung genommen hat, ist die Cigarrenfabrikation, jedoch nicht aus einheimischem Tabak, sondern aus jenem der benachbarten Insel Cuba. Die steten Unruhen und Revolutionen auf dieser spanischen Colonie, die Höhe der Einfuhrszölle auf Cigarren begünstigten das Entstehen dieses Industriezweiges, der hauptsächlich in dem sechs Seestunden von Havanna entfernten Florida'schen Städtchen Key-West seinen Sitz gefunden hat. Das Durchschnittsgewicht von einem Tausend Cigarren beträgt nämlich ungefähr 14 Pfund. Diese sind mit einem amerikanischen Einfuhrszoll von $2\frac{1}{2}$ Dollars (10 Mark) pro Pfund und außerdem noch 25 Procent ihres Werthes belastet (also etwa mit 20 Mark pro 100 Stück). Der rohe Tabak in Blättern dagegen zahlt blos einen Zoll von 35 Cents pro Pfund (M. 1,40) und man rechnet durchschnittlich 20 Pfund Tabak, um ein Tausend Cigarren von 14 Pfund herzustellen. Die Fabrikation der Cigarren im Inlande, oder wie wir sagten, in Florida, erspart also schon an directem Zoll bei jedem Tausend Cigarren 28 Dollars (112 Mark), ohne des nach dem Werthe berechneten Zolles zu gedenken; dieser letztere dürfte jedoch durch höhere Löhne, Transport des Tabaks von Havanna nach Key-West u. s. w. absorbirt werden. —

Dieser neu entstandene, bedeutendste Industriezweig Floridas ruht fast ausschließlich in deutschen Händen, er wuchs, wie bemerkt, zu riesigen Dimensionen an, denn die in Key-West fabricirten Cigarren stehen den echten Havannas in keiner Weise nach. Die Seereise, die der Tabak von Havanna nach Key-West zu machen hat, ist nämlich so kurz und unbedeutend, daß derselbe dabei nicht Schaden leiden kann, dabei ist ferner die amerikanische Fabrikationsweise der Cigarren der der Cubaner ungemein überlegen.

2. Der St. Johns-Fluß und San-Augustine.

Der St. Johns-River ist der größte und bedeutendste Strom des Italiens von Amerika. Von Süden nach Norden, parallel mit den Meeresküsten das Land durchfluthend, bildet er gleichzeitig die Hauptverkehrsader desselben. Bei einer Strecke von über 150 Meilen besitzt er nirgends weniger als anderthalb Meilen Breite, er könnte eigentlich deshalb und seiner gewaltigen Wassermassen wegen, bis an seine Quelle in den Cypressensümpfen von Brevard County, als eine Reihenfolge von großen Seen angesehen werden. Ein nur an sehr wenigen Punkten gelichteter Urwald bedeckt seine Ufer an beiden Seiten, aber dabei bilden diese Ufer doch die bevölkertsten Theile der ganzen Halbinsel, überall wachsen kleine Städtchen und Ansiedlungen aus dem Urwalde empor. Jacksonville ist natürlich der Haupthafen des Johns-Flusses, und wie sehr der Yankee aus New-York und Boston die landwirthschaftlichen und sonstigen Vorzüge Floridas würdigt und auszubeuten versucht, geht schon daraus hervor, daß trotz der äußerst geringen Bevölkerung des ganzen Gebietes (Jacksonville zählt 15,000 Einwohner und das ganze übrige Stromgebiet kaum ebensoviel) doch schon drei tägliche Dampfschifffahrtslinien auf dem St. Johns entstanden, zu denen noch zwei halbwöchentliche gezählt werden müssen. Auf diese Weise öffnet man ein Land dem Verkehre, der Kultur! — In Amerika wartet man nicht, bis ein Land besiedelt und cultivirt ist. Noch bevor das erste Tausend Ansiedler vorhanden,

Florida: Straßenscene in St. Augustin.

findet man bereits eine Eisenbahn- oder eine Dampferlinie. Die Eigenthümer derselben wissen sehr wohl, daß sie in den ersten fünf Jahren mit den größten Verlusten arbeiten werden; allein sie wissen auch, daß sie dadurch allein die Besiedlung des Landes möglich machen und in den zweiten fünf Jahren alle Verluste doppelt wieder einbringen. Dazu kommt für den Ansiedler der Segen großer Koncurrenz, der die Willkür der Dampferlinien in Bezug auf Abfahrtszeiten, Preise u. s. w. in das gerade Gegentheil verwandelt. So zahlten wir beispielsweise für die Fahrt von Jacksonville nach Tocoi, dem 53 Meilen entfernten Ladeplatz der Stadt St. Augustin, auf einem vorzüglich eingerichteten, schnellen Dampfer nur 2 Dollars.

Es war eine bunte Gesellschaft von Passagieren, die mit uns die breite Wasserstraße hinab nach dem Süden fuhr. Florida ist nämlich nicht nur das Ziel von Jägern, Agrikulturisten und Auswanderern, sondern auch ein Hauptwallfahrtsort für Kranke und Brustleidende, dazu kommen noch die zerlumpten einheimischen Neger, welche ja die Hälfte der Gesammt-Bevölkerung Floridas bilden. Die Fahrt auf dem tropischen Strome ist herrlich. Die üppige Vegetation, die Palmen, Orangen, Magnolien, Cypressen, die mit Schlingpflanzen überdeckt und von zahllosen Vögeln und Eichhörnchen bevölkert, die beiden Ufer begrenzen; die breite, ruhige Wasserfläche des Stromes, an einzelnen Stellen mit hohem Schilf, großblätterigen Sumpfpflanzen und Alligatoren bedeckt, die ruhig wie Baumstämme auf dem Wasser liegen und sich von der Sonne bescheinen lassen; hier und da ein Fisch oder der riesige Kopf eines Alligators oder einer Wasserschlange, die über die Oberfläche emporkommen und stets das Ziel einer Kanonade sind, die aus allen Büchsen und Revolvern der Dampferpassagiere auf sie eröffnet wird, — alles dies verleiht der Stromfahrt, besonders für den Europäer, unendlichen Reiz. Stationen giebt es wenige. Rechts am Flusse kommen wir zuerst nach Hibernia, wo ein ganz vortreffliches, hübsch gebautes Hôtel die dorthin bestimmten Curgäste aufnimmt. An demselben Ufer liegt das kleine, freundliche Oertchen Magnolia und noch weiter Green Cove Spring, wo sich dem Patienten in einer krystallenen Schwefelquelle ein herrliches und mindestens krokodilfreies Bad darbietet, denn die Flüsse sind sämmtlich derart mit Alligatoren überfüllt, daß sie an manchen Stellen den Stromspiegel buchstäblich bedecken. Die Monotonie der Ufereinfassung bleibt dieselbe, so weit man auch kommt. Immer der hohe Urwald, mit dem lang herabhängenden Moos, seinen Fichten, Föhren, Magnolien und Palmen.

Es giebt keinen Fußbreit Landes auf der ganzen Strecke vom Ufer des St. Johns bis nach dem Meere, der nicht mit Urwald bedeckt wäre. Mächtige Föhren, deren Kronen erst bei einer Höhe von 16 bis 20 Meter beginnen, schießen kerzengerade aus dem sandigen Boden. Hier und dort, wo eine leichte Vertiefung des Bodens es dem vegetabilischen Moder vieler Jahrhunderte gestattete sich zu sammeln, streben die köstlichsten Magnolien, die wilde Orange, die Palme und die Lebenseiche aus dem Marschboden hervor. „Hummocks" nennt man diese Punkte, in ihnen hauptsächlich bietet sich die ungezügelte Wildheit des floridanischen Urwaldes dar. Zahllose Schlinggewächse winden sich um die kirchthurmhohen, schlanken Stämme, überbrücken häufig den Raum zwischen dem einen und dem anderen, steigen dann wieder bis in die Gipfel hinauf und hängen von dort in malerischen, prachtvollen Geflechten mit ihrem dunklen Grün zur Erde herab. Neben diesen üppigen Pflanzen zeigt sich das lichte, staubartige Grau jenes Mooses, welches nur der Urwald erzeugt und das sich in langen, wirren Flechten, die häufig 3—4 Meter Länge besitzen, an die Zweige heftet. Der Boden ist über und über mit dem Palmettostrauche bedeckt, jener wunderlichen, schönen Pflanze, deren einzelne Blätter im Norden Amerikas als

Die Ruinen der Matanzas Citadelle.

Fächer verwendet werden und aus deren Fibern die Eingeborenen schöne Geflechte herstellen. Hohes Rohr, dem Bambus ähnlich, zeigt sich ebenfalls überall da, wo sich in einer Bodenvertiefung etwas Feuchtigkeit ansammelte, und zwischen all diesen Pflanzen wuchert das Unkraut in jeder Form und Größe.

Kein Wunder daher, daß bei dem Schutze, den diese endlosen, Hunderte und Tausende von Quadratmeilen großen Wildnisse sich selber angedeihen lassen, die Fauna Floridas selbst bei dem gänzlichen Mangel aller Jagdverordnungen, aller Thierschonung und bei dem schreckenerregenden Zustrom von Waidmännern keine wesentliche Verminderung erfährt. Das gewöhnliche amerikanische Reh ist im Ueberfluß vorhanden und bildet das hauptsächlichste Nahrungsmittel der „Cracker", wie man diejenigen Ansiedler in den südlichen Staaten nennt, die sich an irgend einem beliebigen

Punkte niederlassen, um von der Jagd, dem Fischfang und dem Anbau des für ihre eigenen Bedürfnisse hinreichenden Maises ihren Lebensunterhalt zu suchen. Der schwarze Bär kommt hier massenhaft und in Exemplaren vor, die ihre 250 Kilogramm wiegen, der Panther und die wilde Katze werden, obgleich seltener, doch in jedem Jahre in großer Zahl erlegt und — gegessen! Große Herden wilder Truthühner durchziehen mit dem Reh die Wildniß und werden, obschon zur Tageszeit sehr scheu, spät Abends beobachtet, wenn sie sich zum Horsten in die Bäume setzen, und bei Tagesanbruch geschossen. Wo Truthühner und dabei auch unzählige Wachteln sind, da fehlt auch natürlich Meister Reinecke nicht, und nicht minder zahlreich vertreten sind der Waschbär, das Opossum, das Fuchseichhörnchen, der Luchs und namentlich — wie erwähnt — die wilde Katze, die hier bis zu einem wahren Monstrum heranwächst und sehr viel Schaden thut.

Von den gefiederten Bewohnern Floridas wären noch die verschiedenen Reiherarten zu erwähnen, die an den Sümpfen und an den kleinen Seen, die der Urwald aufweist, sehr zahlreich vorhanden sind, sich aber selten an die Seeküste wagen, wo jedoch andere verwandte Gattungen ihr Wesen treiben. Besonders hervorzuheben ist der große graue Reiher, ein ebenso schöner Vogel als köstlicher Braten. Auch die Waldtaube ist äußerst zahlreich und mit ihr eine Art Turteltäubchen, die in großen Schwärmen im Walde haust. Die schon geschilderten „Hummocks" sind die hauptsächlichsten Tummelplätze der Vierfüßler wie der Vogelarten, welch' letzteren sich eine Menge Singvögel von köstlichstem Gefieder zugesellen, wie wir sie nur in Brasilien und Mexiko finden. Auch das Ungeziefer und die Schlangen liegen gerne in diesen gefährlichen Niederungen, mit Ausnahme der Klapperschlange, die den trockenen Boden vorzieht und leider auch diesen gefährlich macht. Dagegen sind sie das Hauptrevier der giftigen Mocassinschlangen, während die Cypressensümpfe wieder das Paradies des Alligators zu sein scheinen.

An Alligatoren zählt Florida Millionen. Wie schon zu Anfang dieses Kapitels erwähnt, sahen wir sie zu Dutzenden auf dem St. John. Oberhalb der „Stadt" Pilatka, wo der Fluß sich verengt und man von dem Verdeck der Dampfer aus die Ufer genau beobachten kann, scheinen sich die letzteren zu bewegen. So wimmelt alles von diesen furchtbaren Thieren. Von den Dampfern erschallt ein unaufhörliches Büchsenfeuer, denn der Alligator hat nicht einen Freund, der ein gutes Wort für ihn einlegt; selbst auf die Gefahr hin, die zarten Nerven der heilungsbedürftigen kranken Passagiere zu stören, sucht man mit der Büchse so viele als möglich zu tödten oder zu verwunden. Dieses Alligatorenschießen ist auf jeder Dampferfahrt in Florida so beliebt, daß man die Gewehre von den Schiffsleuten für eine gewisse Summe pro Stunde geliehen bekommt, und daß sich Alle, Frauen, Kinder und Männer, daran betheiligen. Dafür rächt sich aber auch dieses großmäulige Ungeheuer, wo es kann. Manch' schöner Hund wird von diesen Allesfressern in den Niederungen hinweggeschnappt, manch' kostbar fettes Schweinchen, das sich in dem schlammigen Koth seines Daseins freute, heimtückisch von ihnen verzehrt, ja noch mehr, mancher Neger wurde verschluckt; viele von ihnen verschwinden alljährlich in den Alligatorenmägen.

* * *

St. Augustin ist die älteste Stadt von Amerika, sie wurde 1565, also vor mehr als drei Jahrhunderten von dem spanischen Gouverneur von Florida, Menendez, gegründet. — Besonderes Wachsthums hatte sich diese Urgroßmama unter den amerikanischen Städten gerade nicht zu erfreuen, denn sie zählt heute noch immer ihre stereotypen 2000 Einwohner wie vor hundert und zweihundert Jahren. Wo der Spanier, der Franzose, der Neger und der Indianer zusammen wohnen, da kann es keine besonders productive Mischung geben, denn aus diesen genannten Völkern und Racen ging jene sonderbare Menschenfamilie hervor, welche heute die Bevölkerung St. Augustins bildet.

Noch vor einigen Jahren hatte St. Augustin des Neuen, Modernen nur wenig aufzuweisen. Wohin man sich auch wenden mochte, überall eine Alterthümlichkeit, eine Ruhe, die eher an einen alten Klosterhof als an eine Stadt Amerikas erinnerte. — Die Straßen waren so eng, daß nur mit Mühe ein Wagen dem anderen ausweichen konnte. Kleine ein- und zweistöckige Häuser mit weit hervorstehenden Balcons, niedrige Dächer, kleine Fenster, Seitenthüren, durch Dachvorsprünge gedeckt; Ruinen von Gebäuden in altspanischer Architektur, auf denen noch mancherlei alte Wappen und in Stein gehauene Inschriften prangen, sind noch in Menge vorhanden. Diese eigenthümliche Bauart der alten Häuser hatte entschieden einen gewissen behaglichen und zugleich vornehmen Anstrich. Die Wohnungen sind des heißen Klimas wegen sehr massiv, ihre dicken Mauern halten die inneren Räume auch im heißesten Sommer stets kühl. In den Hofräumen sieht man mit Fontainen geschmückte Rasenplätze; an den Mauern, Erkern und Pfeilern ranken schöne, blätterreiche Schlingpflanzen empor: Lianen, Vanille und Passifloren, die dem ganzen Straßenbilde einen malerischen Anblick verleihen.

Seit wenigen Jahren hat sich jedoch dieses Städtepanorama, Dank der Einwanderung der Yankees, sehr verändert. Freundliche Villen, umgeben von Orangenhainen, von riesigen Magnolien, hohen Oleanderbäumen und anderen halb tropischen Gewächsen, liegen zu beiden Seiten der breiten Straße, welche vom Bahnhof aus nach der Stadt führt. Weiterhin dehnt sich die Plaza de la constitucion aus, ein großes, mit schönen schattigen Bäumen bepflanztes Viereck, dessen Seiten von der uralten spanischen Kathedrale, hübschen Hôtels und reizenden Privathäuschen gebildet werden.

Diese Plaza ist der eigentliche Cursaal von St. Augustin, denn unter ihren Bäumen sammelte sich Jung und Alt, flanirt der Curgast neben dem Einheimischen, seufzt der Kranke und lacht der Gesunde, vom frühen Morgen bis zum Abend. Es wird wenige Plätze in Amerika geben, auf denen man sich besser und angenehmer langweilen kann, als eben hier. Nur am Sonntag beim Kirchengange bietet sich dem Besucher Florida's ein interessantes Schauspiel: die verschiedensten Menschentypen und die schärfsten Gegensätze der Civilisation. Hier der Neger, nur mit einer Art Hosenschurz bekleidet, der nach oben bis zu den Hüften, nach unten bis an die halben Schenkel reicht, dagegen Oberkörper und Beine vollständig nackt läßt. Dort sieht man den weißen Trapper und Jäger, den rothhäutigen ernsten Indianer mit Mocassins und einem Ueberwurf aus Hirsch- oder Wolfsfell, den amerikanischen Pflanzer mit großem, breitrandrigem Strohhut und weißer Leinenjacke, endlich den unvermeidlichen Yankee in engen dunklen Beinkleidern, schwarzem Frack und hohem Cylinderhut, diesem Symbol aller „Civilisation." Zwischen diesen heterogenen Volkstypen sieht man Negerinnen mit kurzen buntfarbigen Röcken und ebenso bunten Kopftüchern um den schwarzen schmutzigen Krauskopf. Die Mulattinnen und Mestizzen zeigen sich in noch viel weniger Toilette. Ein Stück geblümtes Kattunzeug, naqua genannt, verbirgt ihre Hüften profanen Blicken und ein Kamisol mit offenen Armlöchern bedeckt ihren Oberkörper. Aber auch blonde, schöne amerikanische Misses stolziren in den neuesten Pariser Toiletten umher, während ihre weißen Racegenossinnen, die spanischen Señorita's, noch die andalusische Mantille und den weiß und gelb gestreiften Reboso tragen. Kleine, schmutzige, zerlumpte Negerknaben und vagabundirende Mestizzen spielen im Sande oder wälzen sich mit den Schweinchen um die Wette im Kothe umher. Ihre ganze Bekleidung gleicht jener ihrer vierfüßigen Spielgenossen, nur ist sie reicher — um einen Strohhut und eine Cigarre. Natürlich sind schwarzes Haar und dunkle Augen bei dieser Mischbevölkerung St. Augustins vorherrschend. Man hört Französisch und Spanisch in verschiedenen Dialecten, daneben ein schlechtes, gebrochenes Englisch, so daß man sich eher nach Algier oder Tripolis versetzt fühlen könnte, als nach den Vereinigten Staaten von Amerika, wenn St. Augustin auch den Schmutz der orientalischen Städte besäße; aber darin zeigt sich die amerikanische Stadt. Ueberall ist Ordnung und Sauberkeit, sogar in den alten spanischen Straßen.

Auf dem Marktplatz kann man den Fisch- und Früchtereichthum Florida's am besten erkennen. Große mit Ochsen bespannte Karren bringen ganze Berge von Früchten und Gemüsen, die auf weißen Laken aufgehäuft oder in Körbe vertheilt werden. Schwarze Fischer in Strohhut und Schwimmhose bringen ihre in Austern, Fischen, Schwämmen u. s. w. bestehende Ausbeute auf langen Stangen hierher. Die Fleischer, in nichts weniger als anmuthiger Kleidung, stehen mit dem Messer bereit, um den bereits aufgehängten Lämmern und Ferkeln, Truthühnern und Enten den letzten Stoß zu geben; denn alle diese Thiere müssen des heißen Klima's wegen lebendig zu Markt gebracht werden. Alles ist in größter Menge, in prächtigen Exemplaren und zu fabelhaft billigen Preisen vorhanden, sodaß man sich, wenigstens in Bezug auf die Befriedigung des Gaumens und des Magens, das Leben hier paradiesisch vorstellen kann. Dazu kommen noch die weitberühmten floridanischen Früchte: Datteln, Riesenananas, Granatäpfel, Feigen, Orangen, Pfirsiche, Citronen, Bananen — alle in gewaltigen Haufen neben einander, die von den New-Yorker und Bostoner Fruchthändlern aufgekauft werden.

An Rindvieh ist der um St. Augustin gelegene Theil Florida's nicht sehr reich. Darin besteht der Hauptreichthum Süd-Florida's, eines tropischen Gebietes von etwa 20,000 Quadratmeilen mit blos 9000 Einwohnern. Die meisten derselben wohnen nahe den Küsten in großen Farmen, die etwa 30—40 Meilen von einander entfernt liegen. Das ganze Land um sie herum bis an die jenseitigen Meeresküsten der Halbinsel ist eben wie eine Tischfläche, es besteht aus von Hummocks und Wiesen unterbrochenen Cypressen- und Pinienwäldern und Prairien. Die Hummocks sind mit ihrem sandigen Boden und hohem Baumwuchs nicht für Weideplätze geeignet. Desto reicheres, fetteres Gras besitzen die Prairien, und darauf weiden Rindviehherden von hunderttausend und mehr

Die Kathedrale von St. Augustin.

Köpfen, von denen alljährlich ein entsprechender Theil nach dem Norden, nach Jacksonville und anderen Städten verschifft wird.

Dringen wir nun weiter in die Straßen St. Augustin's. — Zwischen den kleinen niedrigen Balkonhäusern mit ihren Seitentreppen und ihren Thorwegen, inmitten alles dessen, was den alten spanischen Typus trägt, streben Neubauten hoch empor, so zierlich und so geschmackvoll, daß sie in anderer Umgebung als wahre Perlen gelten würden, hier aber den Eindruck machen, den man von einer alten, mit neuem Tuch geflickten Hose empfängt. Da stehen sie, diese modernen, in harmonischem Farbenschmuck prunkenden Häuser, mit ihrem Yankeeaussehen, ihrer der neuesten Zeit entnommenen Einrichtung mitten unter den Ueberresten einer Jahrhunderte zurück datirenden Cultur. Dazu kommt noch eine Anzahl gewaltiger Hôtelbauten wie das St. Augustinhôtel, das Magnolia-House u. s. w., von denen die beiden genannten allein die ganze Bevölkerung der Stadt in sich aufnehmen könnten. Selbst ein Nachtklub hat sich hier bereits etablirt, sein zierliches Häuschen ist eines der hübschesten Gebäude der Stadt.

St. Augustin liegt unter dem 29. Breitegrade, am Eingange einer großen und sicheren Bucht, etwa zwei englische Meilen vom Meere entfernt. Leider ist die Einfahrt zu dem Hafen stark versandet, sie muß durch Baggern von Zeit zu Zeit vertieft werden. Der flache Strand erhebt sich nur wenig über das Meer, das hier an Fischen der verschiedensten Art überreich ist und bei jedem Fischzuge eine unglaublich reiche Ausbeute gewährt.

3. Süd-Carolina und Charleston.

Der aus den Alleghany-Ketten strömende Savannah-Fluß bildet seiner ganzen Länge nach die Grenze zwischen den Staaten Georgien und Süd-Carolina, dessen Hauptstadt wir nun besuchen wollen. Von Savannah aus führen Dampfschiff sowohl wie Eisenbahn nach Charleston. Wir wählen die letztere. Hier, wie auf allen andern Bahnen dieser Länderstrecken befinden sich in jedem Zuge für Weiße und Farbige eigene Waggons; die sociale Scheidung der beiden Racen prägt sich selbst auf den Verkehrswegen in so markanter Weise aus. Und doch ist Süd-Carolina derjenige Staat, in welchem die Herrschaft der Neger am drückendsten ist. In Louisiana stehen sich die beiden Racen in annähernd gleicher Stärke gegenüber, in einem Jahrzehnt vielleicht wird die Suprematie wieder auf die Weißen zurück gekommen sein, wozu bei der Einwanderung und raschen Vermehrung der Weißen, sowie der erschreckend großen Sterblichkeit unter den Negern die günstigsten Aussichten vorhanden sind. Auch im Staate Mississippi sind die Farbigen nur um ein Geringes zahlreicher als die Weißen, und nur in Süd-Carolina ist ihre Herrschaft erdrückend und absolut. Der Neger und sein Vetter, der Mulatte, sind die unumschränkten Herren des Landes, denn es kommen auf 7 Weiße durchschnittlich 10 Neger. In 7 Grafschaften sind die Weißen in starker Majorität, in 22 anderen hingegen ist diese Majorität in den Händen der Schwarzen und in den Grafschaften Richland und Charleston sind sie im Verhältniß von 2 zu 1. In den Bayoux und Savannen der Meeresküste sind die beiden Racen beinahe vollständig von einander getrennt, so daß beispielsweise in der Grafschaft Beaufort unter tausend Schwarzen nur hundert Weiße wohnen.

Die große Zone, die sich von Cap Fear in Nord-Carolina längs der Meeresküste nach Süden zieht, scheint die neue Heimat der Afrikaner geworden zu sein. Das feucht-warme Klima sowie der Boden jener Strecken sagt ihrer Natur am besten zu. Kürbiß und Tabak, Zuckerrohr und Mais wachsen hier in Folge des fruchtbaren

Bodens von selbst, die Herren Schwarzen brauchen sich damit also nicht wie einsten sclavisch abzumühen. Wohl ist ihr Leben bei dieser Unthätigkeit ein äußerst kümmerliches und viel elender, als zur Zeit ihrer Sclaverei, allein sie sind Herren, Gentlemen. Der Weiße zieht sich von diesen Negeransiedlungen allmählich zurück und überläßt ihnen das Feld. Auf wie lange, ist die Frage.

In jenen Theilen nehmen die Neger an Zahl entschieden ab; während sie sich in viel geringerem Maßstabe als die Weißen vermehren, ist gleichzeitig ihre Sterblichkeit sehr bedeutend. Der Kindermord kommt der allgemeinen Meinung nach, bei ihnen sehr häufig vor, denn sie verschmähen es, ihren geringen Erwerb zur Erziehung ihrer

Süd-Carolina: Charleston.

Kinder zu verwenden. Als Sclavin war die Negerin gezwungen, ihre Kinder aufzuziehen, da sie einen gewissen Werth repräsentirten. Frei ist sie sich selbst und ihrem Instinkt überlassen, der ihr häufig wie bei anderen niedrig stehenden Völkerracen den Mord eingiebt. Unter der Sclaverei wurden die Kinder der Neger von den Pflanzern selbst verpflegt und so zu sagen gezüchtet. Der freie Neger hingegen muß für die Kleidung und Nahrung seines Kindes aus eigener Tasche sorgen; häufig ist er nicht Mensch genug, den Dollar, anstatt für Whiskey und Tabak, für sein Kind auszugeben. Wie gesagt, ist die Trennung der weißen von der farbigen Race selbst in diesem Negerstaate eine äußerst auffallende. Die Neger sind ebenso auf ihre eigenen Eisenbahn-Waggons angewiesen, wie sie ihre eigenen Kirchen und Schulen, wie sie ihre eigenen Friedhöfe haben. Selbst heute noch würde es kein Neger wagen, die Schwelle eines Hôtels zu betreten, in welchem Weiße wohnen. Nur in den Straßenwagen werden sie geduldet. Dieses Vorurtheil gegen ihre Race scheint noch eher im Zunehmen als im Fallen begriffen zu sein, ein Vorurtheil, das übrigens auch der Europäer theilt. Wohl ist es wahr, daß dies theilweise seinen Grund in der unangenehmen körperlichen Ausdünstung des Negers hat. Aber es bleiben auch jene von dem Zusammenleben mit den Weißen ausgeschlossen, welche sich vielleicht auf dieselbe Stufe der Kultur und Bildung empor geschwungen haben.

Wir kreuzen auf unserem Wege nach Charleston den Savannah und eine Reihe anderer Flüsse, Bayoux und Sümpfe, die sich auf ungeheure Strecken ausdehnen. Hier und da begrenzt sie dichter Wald, auf dessen trockenen Stellen irgend ein Sohn Hams die Bäume niedergebrannt und Mais gepflanzt hat. Negeransiedlungen von kleinen Mais- und Reisfeldern umgeben, fliegen häufig an uns vorüber, aber im Allgemeinen liegen die ehemaligen Plantagen brach und meilenweite Strecken sind ganz unbebaut. Erst wenn sich der Eisenbahnzug der Hauptstadt des Staates, Charleston, nähert*), wird das landschaftliche Bild freundlicher.

*) Die landwirthschaftlichen Verhältnisse Süd-Carolinas sind in diesem Augenblicke der Einwanderung sehr förderlich. Die Ländereien sind zu Spottpreisen zu haben; man kauft eine Plantage, groß genug für 5 bis 10 Familien, fast für den Preis, was die Gebäude darauf kosten. Schulen und Kirchen findet man allenthalben, speciell Deutsche sind angesiedelt in Walhalla, in der Nähe des Blue Ridge Gebirges, am Endpunkt der Eisenbahn von Charleston. Auch in den anderen gebirgigen Grafschaften des westlichen Theiles findet man kleine deutsche Gemeinden, wo ein deutscher Missionär dann und wann predigt. Das Klima des Oberlandes ist sehr gut und für den Europäer geeignet, während an der Küste und unten im Staate, kalte Fieber, wie im Westen, häufig herrschen. Der Sommer ist nicht heißer wie im Norden, nur dauert er länger, etwa 6 Monate. Der Winter ist unbedeutend, kaum zwei Monate etwas Frost und Schnee, so daß das Vieh fast das ganze Jahr draußen sein kann. Der Boden ist ergiebig aber nicht so reich, wie im Westen, er verlangt Dünger, dann aber kann man auch alle Erzeugnisse zu vollem Preise verwerthen, bei der Nähe der Eisenbahnen, die wie ein Netzwerk den ganzen Staat umspannen. Gemüse zieht man das ganze Jahr, im Winter die nördlichen Gemüse wie Kohl ꝛc. und im Sommer Tomaten und Okra. Erbsen und Kartoffeln erntet man im Mai und im November, so daß ein Farmer stets frisches Gemüse hat. Unbemittelte Leute können übrigens nichts dort anfangen, da es Arbeiter genug giebt. Die Neger miethet man als Feldarbeiter um geringen Lohn pro Tag oder Monat. Ein tüchtiger Farmer mit einem kleinen Capital von 2 bis 500 Dollars kommt rasch weiter. Er kauft sich ein kleines Stück Land oder mit mehreren zusammen eine größere Plantage und braucht nur eine kleine Anzahlung zu machen. Für das übrige Geld kauft er Viehstand und Ackergeräthe und in ein paar Jahren ist er ein gemachter Mann, da er auch, sobald er fest sitzt, Baumwolle pflanzen kann, die stets gegen baar guten Absatz hat. Land kauft man von 1—10 Dollar pro Acker, je nach Bodenbeschaffenheit und Verbesserungen auf dem Lande. Hunderttausende von Ackern liegen brach und sind zu verkaufen, da die einzelnen Farmer durchschnittlich zu viel Land besitzen. Gute Weinbauer können bald unabhängig werden. Der Wein wächst wild und eine Anpflanzung bedarf nur wenig Arbeit.

Charleston selbst wird häufig mit New-York verglichen und seine Lage, auf einer Halbinsel zwischen den Mündungen der beiden Flüsse Ashley und Cooper, erinnert allerdings an die majestätische Metropole des Hudson. Ebenso wie dort trägt auch hier der am äußersten Ende der Halbinsel gelegene Park den Namen „Batterie". — Aber damit hat diese Aehnlichkeit ihr Ende. Während des großen Bürgerkrieges bombardirt und zur Hälfte zerstört, später von zwei furchtbaren Feuersbrünsten heimgesucht und gegenwärtig von Schwarzen, ehemaligen Sclaven und weißen Politikern verwaltet, sank seine Bevölkerung sowohl wie sein ehemaliger Reichthum. Gegenwärtig besitzt es 45,000 Einwohner, von denen 25,000 Schwarze und Mulatten sind. Das Deutschthum gelangte in Charleston zu hervorragender Bedeutung und großem Einfluß. Die Deutschen zählen hier etwa 5000 Seelen, ihr durch Fleiß und Ausdauer geschaffener Wohlstand ist derart bedeutend, daß ihr Steuerkapital ein Sechstel des gesammten Steuerkapitals der Stadt repräsentirt. Sie waren eben die Ersten, die durch die Schicksalsschläge von Krieg und Feuersbrunst nur wenig abgeschreckt, stets mit erneuten Kräften an die Arbeit gingen und Dank dieser Arbeitslust, Eintracht und Ausdauer ihre heutige Stellung erreichten. Sie besitzen in Charleston ihre eigene Kirche, eine deutsche Schule und eines der schönsten Vereinslocale der Stadt. —

Charleston ist in seinem Aussehen das Urbild der südlichen Städte, wie wir sie schon in Alabama und Georgien trafen. Dieselben sich rechtwinklig kreuzenden, jedoch engen Straßen, dieselben reizenden schattenspendenden Platanen-, Lebenseichen- und Ulmen-Alleen zu den Seiten der Trottoirs, dieselbe schlechte Pflasterung. Die Häuser sind dem südlichen Klima zufolge, in ihrer Bauart von jener des Nordens vollständig verschieden. Luft und Licht sind bei ihnen die Hauptbedingungen. Sie übersteigen selten ein oder zwei Stockwerke und besitzen an ihrer ganzen, dem Hofraum zugewendeten Fronte entlang laufende Veranden oder sogenannte „Piazzas". Auf diese durch alle Stockwerke reichenden Veranden führen die meisten Thüren und Fenster, während die kleine unscheinbare Straßenfronte nur ein oder zwei Fenster besitzt. In den Straßen und Höfen ist jedes Plätzchen zur Anpflanzung von Bäumen, Blumen und Schlingpflanzen verwendet. Von der Höhe eines Thurmes gewährt die Stadt mit ihrem üppigen Grün und den freundlichen Villen und Sommerhäuschen einen überaus lieblichen Anblick. Allerdings findet man hier und da, in zerfallenen, mit wildem Wein überrankten Gemäuer, in allen hinfälligen Häusern Spuren der Verwüstungen von Krieg und Feuer. Aber sie werden durch die großen neuen Handelshäuser und reichen Privatgebäude, — diese Zeichen der Wiedergeburt der Stadt, wieder aufgewogen.

Am ärmlichsten und elendesten sind außer den Hafenstraßen natürlicherweise die Negerquartiere, mit ihren verfallenen schmutzigen Hütten und ihrer ebenso schmutzigen

Bevölkerung, die hier auf engem Raum zusammengepfercht wohnt. Charleston, die einstige Residenz der Pflanzer-Aristokratie von Carolina, ist heute die Residenz der schwarzen Demokratie, die noch vor fünfzehn Jahren in Ketten lag. Man begegnet hier den Farbigen in allen möglichen Nüancen, allen Stammes- und Racenunterschieden, vom Congo-Neger bis zu jenem aus Guinea, vom Vollblut-Schwarzen bis zu dem blondhaarigen, blauäugigen Quadronen, an dem es Mühe kostet, die Spuren der schwarzen Abstammung zu entdecken, und doch wird er zu den Farbigen gezählt! Nun denke man sich dieses Neger-Proletariat von allen Altersklassen und Farben in die ärmlichsten, schmutzigsten Lumpen gehüllt, alte Strohhüte, durchlöcherte Cylinder, hellfarbige oder weiße Tücher auf dem Kopf und alte, ganz mit Löchern und Rissen bedeckte Schuhe oder Pantoffeln an den nackten Füßen, so hat man das getreue Bild der Bewohner jener Stadttheile. Es würde nicht selten nur geringe Mühe kosten, die Kleidungsstücke auszubessern und in guten Zustand zu setzen; allein die Löcher bleiben offen, die Flecken ungewaschen und die Kleider eben so lange am Leibe, bis sie von selbst herabfallen. Dies sind die Herrscher von Carolina! Sie können weder lesen noch schreiben, die Guten! Als Kinder waren sie Sclaven. In Sachen der Politik sind sie so dumm wie die Indianer. Die Gesetze der Gesellschaft, die Wissenschaften, sind für sie versiegelte Briefe. Aber der ärmste und niedrigste von ihnen versteht den Unterschied zwischen der Hütte und dem Palast, dem leeren Mittagstisch und der vollbesetzten Tafel, elenden Lumpen und warmen Kleidern, einem Platze in der Gosse oder im gesetzgebenden Körper. Und das ist ihr Unglück. Sie wollen all' das erreichen und besitzen, sie denken nicht daran, daß es gegen alles moralische Gesetz, — der Natur zuwiderliefe. Im Allgemeinen verachten nämlich die Neger alle Arbeit, sie würden ihre Zeit am liebsten mit Herumlungern und Schlafen verbringen, wenn sie nicht die Noth dazu zwänge, wenigstens so viel zu erwerben, um sich kümmerlich das Leben zu fristen. Die Suprematie, die sie gegenwärtig in Süd-Carolina besitzen, versetzte sie in einen Freudenrausch, den sie noch nicht ausgeschlafen haben. Welch' ruhmvolle Tage für sie! Nichts gilt ihnen höher, als irgend eine politische Stellung auszufüllen, sich als „Euer Ehren" ansprechen zu hören, als Richter den Weißen Strafen auferlegen zu können.

Immerhin giebt es auch Ausnahmen unter diesen herumlungernden Nichtsthuern, die vorhin geschildert wurden. Hier z. B. an der Straßenecke ein schwarzer Polizist, in tadelloser Uniform und in ernster Haltung, den weißen Stab unter dem Arme.

Charleston besitzt zwei verschiedene Polizei-Corps, ein schwarzes und ein weißes, ebenso wie ein schwarzes und ein weißes Feuerwehr-Corps, schwarze und weiße Miliz-Compagnien; eine Trennung, die übrigens auch in den nördlichen Städten, z. B. in Philadelphia, zu finden ist und seine guten Gründe hat.

Leider besitzt Charleston außer diesen Corporationen auch seine weißen und schwarzen Politiker, seine Carpet Baggers und Scalawags, jene aus dem Norden eingewanderten Nichtsthuer, ohne irgend welche Habe als ihren Verstand, nur von dem Wunsche beseelt, zu einer Senatoren- oder Beamtenstelle im Staate zu kommen. Die Scalawags, barfüßige, weiße oder schwarze Vagabunden, sind ihre getreuen Partisanen. In Süd-Carolina und Louisiana besitzen die Carpet Baggers ihre letzten Domänen, denn aus den anderen Staaten des Südens wurden sie längst schon durch die rechtmäßigen, ehrlichen Regierungen verdrängt. Auch in diesen beiden unglücklichen Staaten werden sie bald das Scepter ihrer Herrschaft niederlegen müssen, und dies ahnend, saugen sie unter dem Anschein der Gesetzlichkeit das Land vollständig aus. Die Geduld und Langmuth der Südländer ist unter solchen Umständen wirklich bewundernswerth. Neger, Mulatten und hergelaufene Hallunken aller Art nehmen hervorragende Aemter im Staate ein, während die ansäßigen Weißen in verschwindender Minorität vertreten sind. Unter diesem „Ring", den die gesetzgebende und ausübende Gewalt im Staate bildet, wurde der letztere das Opfer einer systematischen Beraubung. Im Jahre 1860 betrug der Werth des besteuerten Besitzes von Süd-Carolina 607 Millionen Dollars und die jährliche Steuer belief sich auf $1/2$ Million. Die Legislatur tagte während dreier Wochen und kostete dem Staate beiläufig 18,000 Dollars.

Heute wird der besteuerte Besitz auf nur 140 Millionen angeschlagen und selbst diese Summe ist künstlich hinaufgetrieben. Die jährlichen Abgaben für den Staat betragen $1 1/2$ Millionen Dollars und die Legislatur kostet anstatt 18,000 Dollars das sechsfache dieser Summe. Die Regierungsstellen bilden mit ihren mehrfach erhöhten Gehalten wahre Sinecuren und kosten dem Staate nahezu 1 Million jährlich. Die Steuern, mit welchem das Eigenthum belastet ist, belaufen sich auf nicht weniger als 22 Procent und es kommt nicht selten vor, daß man es für vortheilhafter findet, seinen Besitz aufzugeben, statt die Steuersummen zu erlegen. In Charleston fiel in Folge dessen der Werth der Häuser auf die Hälfte. Die Mehrzahl der Reispflanzungen ist ruinirt; die Neger kultiviren auf ihnen etwas Mais oder süße Kartoffeln und auch in den Zucker- und Baumwollpflanzungen ist ein bedeutendes Stocken eingetreten.

Wer Charleston von der Hafeneinfahrt, in der Nähe der Ruinen des berühmten Fort Sumter aus betrachtet, dem scheint die Stadt allerdings ein wahres Paradies zu sein. Soweit das Auge reicht, erblickt man nur ebenes, kaum über das Meeresniveau emporragendes Land; Bäume, Häuser und Kirchen scheinen direct aus dem Wasser emporgewachsen zu sein. Ein wahres Venedig der neuen Welt, ruht friedlich im Sonnenglanze auf der Halbinsel zwischen den Flüssen, und das üppige Grün der tropischen Gewächse, das überall hervorguckt, verleiht dem schönen Bilde einen passenden Rahmen.

Auch in Nord-Carolina sind die Zustände gegenwärtig nicht viel besser als in seinen südlichen Nachbarstaaten. Auf unserem Wege nach Virginien fahren wir fast durch ununterbrochene dichte Föhrenwaldungen dahin, die nur selten eine Lichtung oder eine nachlässig zusammengefügte Einhegung zeigen, in deren Mitte irgend ein ärmliches Blockhaus errichtet ist. Und ebenso düster sind die Eindrücke, die man auf der Fahrt durch den mittleren Theil des Staates von dem industriellen Leben empfängt. Es unterliegt jedoch keinem Zweifel, daß Nord-Carolina einer der ersten Staaten sein wird, der gleich Georgia durch weiße Einwanderung, durch nördliche Industrie und durch nördliches Kapital wiedergeboren und der Blüthe wieder zugeführt wird, jener Blüthe, deren er sich zu Zeiten der Sclaverei erfreute.

4. In einer Baumwoll-Plantage.

Es liegt etwas Eigenthümliches, Befremdendes in diesen Ländern des warmen, sonnigen Süden. Der ewig blaue Himmel, der ewige Sonnenschein, das ewige Grün, die ewige Ruhe, — wie in den Prairien des Westens, so durchfliegt man auch hier hunderte von Meilen, von Teneffee nach dem mexikanischen Golf, von der Atlantis bis nach Texas, ohne aus dem ewigen Einerlei der Baumwoll- und Zucker-Plantagen, der Tabak-, Reis- und Maisfelder heraus zu kommen. Der Charakter des ganzen ungeheuren Ländergebietes, welches die Staaten Nord- und Süd-Carolina, Georgien, Alabama, Mississippi, Louisiana und Texas umfaßt, ist von dem nördlich daran gelegenen Lande vollständig verschieden. Es ist ruhiger, landschaftlicher, und wenn man will, romantischer, als das des industriellen, raschlebigen, eisenbahndurchzogenen Nordens. Im letzteren Schnelligkeit, im Süden Langsamkeit —; im Norden Industrie, Verkehr, im Süden nichts als Ackerbau; im Norden bewegtes, rühriges Leben, im Süden tödtliche Langweile, Einsamkeit.

Die Bahnen, auf denen man die einzelnen Staaten durchfliegt, sind schlecht gebaut, schlecht erhalten; die Stationen, die Städte, die man passirt, sind still und verlassen. Die Eisenbahnzüge selbst sind nur von wenigen Reisenden besetzt. Ein Schleier der Armuth, des Verfalles ruht über diesem fruchtbaren, sonnigen Lande; eine gewisse Wehmuth überkommt den Reisenden beim Anblick dieser ungeheuren Strecken, dieser modernen Kultur-Ruinen. Es war einst anders — noch vor zwei Jahrzehnten war die gegenwärtige Ruhe und Verödung unbekannt. Das regste, geschäftigste Leben herrschte überall in Feld und Stadt, die Plantagen waren voll Thätigkeit, die Eisenbahnwaggons voll von Waaren und Reisenden. Da kam der große Sclavenkrieg, und innerhalb der Jahre 1861—65 wurde das ganze Land in eine einzige Wüste verwandelt; die Plantagen zerstört, die Städte und Dörfer niedergebrannt. — Nur allmählich erholt sich das ganze Land von diesen Verlusten, es ist schwer glaublich, daß es jemals dieselbe Blüthe wieder erreichen wird, die zur Zeit der Sclavenherrschaft hier gewaltet.

Am schnellsten und überraschendsten erholte sich, wie schon bemerkt, der größte und bedeutendste der amerikanischen Südstaaten: Georgien. Es ist die blühendste Provinz im Reiche des King Cotton, des Königs Baumwolle. Es produzirt davon am meisten; unter allen Südstaaten zieht es dadurch auch die meisten Einwanderer an. — Hier war es auch, wo wir zum ersten Male eine Baumwoll-Plantage besuchten.

Es war eine Plantage in der Nähe von Augusta, dieses Haupt-Baumwollhafens des Staates Georgien, und nach den Städten Neu-Orleans und Mobile der größte Baumwollenmarkt des Südens. Die ganze Umgebung der Stadt ist von Baumwollfeldern eingenommen, die ein Europäer ihrem Aussehen nach für Kartoffelfelder ansehen könnte. Hie und da, mitten in ihnen, zeigen sich prächtige, romantische Pflanzer-Wohnungen, zwischen Palmen und Magnolien-Bäumen halb verborgen. Unser Weg führt an ihnen vorbei und durch eine schöne, schattige Magnolien-Allee nach einem ausgedehnten, hölzernen Gebäude mit breiten Veranden, umschlossen von einem Blumengarten, wie man ihn in solcher Ueppigkeit und solcher Farbenpracht nur im Süden Amerikas finden kann. Schmetterlinge und hellfarbige winzige Vögel schwärmten umher, und über das ganze Pflanzenheim lag eine Ruhe und Behaglichkeit ausgebreitet, die mit unseren bisherigen traurigen Reiseeindrücken des amerikanischen Südens lebhaft kontrastirte.

Die Gastfreundschaft, die wir in dem Hause dieses wohlhabenden Baumwoll-Pflanzers genossen, wird uns stets in angenehmer Erinnerung bleiben. Diese ist in den gesammten Südstaaten, wenigstens dem Europäer gegenüber, sprüchwörtlich. Es ließe sich viel über die eigenthümliche Lebensweise dieser Pflanzerfamilien und ihrer kleinen Diener-Gemeinde erzählen, wäre dieses Kapitel nicht der Baumwoll-Pflanzung gewidmet, die sich hinter dem Gebäude über Tausende von Aeckern erstreckte.

Es war im August und die Baumwollernte hatte bereits begonnen. Die schwachen, zarten Stauden sind in schnurgeraden, durch tiefe Furchen von einander getrennten Reihen gepflanzt und erreichen im Durchschnitt drei bis vier Fuß Höhe. Zwischen den großen handförmigen dunkelgrünen Blättern sieht man weißschneeige Blumen mit offenem Kelch, die nur während eines Tages diese Frische und Weiße behalten. Sobald sie welken, nehmen sie eine hellrothe Färbung an und geben endlich einer kleinen Kapsel Raum, die bis zur Größe einer grünen Wallnuß heranwächst. Diese Nuß enthält die Baumwolle. Sobald sie reif geworden und eine gelbe Färbung angenommen, springt sie auf und zeigt ein kleines Büschelchen Baumwolle von schneeigem, blendendem Weiß. — Zur Zeit als wir die Plantage besuchten, boten die Baumwollstauden einen überraschenden Anblick dar. Wir sahen einige, die nicht nur ihre Blätter und weißen Blüthen, sondern diese letzteren bis zur vollständig reifen Baumwollkapsel in allen Stadien zeigten. Weiße und rothe Blüthen in verschiedenen Nüancen, grüne und gelbe Büsche in allen Größen und endlich die halb offenen Kapseln mit dem kleinen weißen Barte — Alles in Allem etwa zwölf bis fünfzehn pro Pflanze. Es giebt jedoch auch Stauden, die fünfzig bis sechzig Kapseln pro Ernte tragen. Neger und Negerinnen in leichtem, in einer Leinenhose oder einem dünnen Unterrock und einem großen Strohhut bestehendem Kostüm, sind mit dem Einsammeln der reifen Kapseln beschäftigt, das sie mit bewundernswerther Geschicklichkeit besorgen, ohne dabei den eigenthümlichen „Plantation Song" (Neger-Gesang) zu unterbrechen, dessen Melodien so einfach und harmlos sie auch sind, dennoch einen gewissen Charakter und Reiz besitzen. Jeder dieser schwarzen Arbeiter trägt einen um die Lenden geschnallten Sack, der zur Aufnahme der Baumwolle bestimmt ist, welche sie mit den Fingern aus den offenen Baumwollkapseln vorsichtig herausnehmen. Es giebt Plantagen-Arbeiter, welche pro Tag nicht weniger als 400 Pfund Baumwolle einheimsen, allein die gewöhnliche Erntemenge pro Tag und pro Mann beträgt etwa 150 Pfund. Die Bezahlung der Leute geschieht pro 100 Pfund mit ca. 30 Cents amerikanischen Geldes (60 Krz. Silber). — Sobald die Säcke gefüllt sind, werden sie in große runde Körbe oder Pfannen geleert, in denen die Baumwolle nach den auf der Plantage selbst befindlichen „Gin-houses" gebracht wird. Nichts ist einfacher und praktischer als diese großen Gebäude, in welchen sich die „Cotton Gins"*) und die Dampf- oder hydraulischen Pressen zum Zusammendrücken der Baumwolle in Ballen befinden. Zuvor müssen die einzelnen Baumwollbüschel von den in ihnen befindlichen Samenkörnern befreit werden, es geschieht dies durch die sogenannten Cotton Gins, von denen hauptsächlich dreierlei Arten in den Vereinigten Staaten angewendet werden: die Saw Gin, die Roller Gin und die Mac Carthy Gin. Die erste Gattung, eine aus kleinen Sägen bestehende ingeniöse Maschine, reißt die Baumwolle von den Körnern los, ist aber nicht so vortheilhaft wie die Roller Gin, eine kleine Maschine, aus zwei gegen einander rotirenden Cylindern bestehend, welche die Baumwolle erfassen und zwischen sich hindurchziehen, während die Körner oberhalb derselben bleiben. Gewöhnlich werden diese Cotton Gins durch ein paar Maulthiere getrieben, obschon in neuester Zeit der Dampf ebenso häufig in Anwendung kommt. Die Samenkörner werden theilweise für die nächstjährige Saat aufbewahrt, theils zur Bereitung eines schmackhaften Oels verwendet, während die ausgepreßten Hüllen noch ein vortreffliches Viehfutter bilden.

Sobald die Baumwolle die Gins passirt hat, wird sie noch einer weiteren

*) Gin, Abkürzung von Engine, Maschine.

Reinigung unterworfen und endlich in große Ballen gepackt, deren Volumen durch Zusammenpressen so viel als möglich verkleinert wird. Sollte sich auf der Plantage

Eine Baumwoll-Plantage: Die Ernte.

selbst keine hydraulische Presse befinden, so geschieht das Pressen in den Häfen, wo die Ballen verschifft werden. Nach dem Pressen nehmen 5 bis 600 Pfund Baumwolle den Raum von etwa 12 bis 15 Kubikfuß ein.

Die Ernte richtet sich natürlicherweise nach der Güte des Bodens, und merkwürdig genug, der dem Meeresstrande nächstgelegene Boden, der für die Kaffeebäume tödtlich ist, begünstigt die Baumwollenernte ungemein. Auch Kalk und Guano-Dünger leisten auf Baumwollpflanzungen vortreffliche Dienste.

Vor dem Aussäen werden die Saatkörner gewöhnlich einige Stunden in Wasser aufgeweicht. Die Saat erfolgt Anfangs April, und die Baumwollkapseln gelangen gewöhnlich Ende August und Anfang September zur Reife; aber die Ernte zieht sich bei dem ungleichen Reifen der Kapseln oft bis zum November und December hinaus.

Zwischen dieser Zeit der Aussaat und der Ernte liegen jedoch die schwersten und sorgfältigsten Arbeiten, denn die Baumwolle bedarf mehr Pflege, als irgend ein anderes Nutzgewächs; auf den Pflanzungen herrscht das ganze Jahr über rege Thätigkeit. Nur durch diese und durch die sorgsamste Pflege kann man die Ernte ergiebig machen. Der Pflug und die Egge stehen lange Zeit im Gebrauch. Drei Monate nach der Aussaat, wenn der Stamm der Staude eine braune Färbung annimmt, müssen die Furchen um jede einzelne Staude gereinigt werden. Da die Kapseln zu verschiedenen Zeiten, nach einander reifen und sofort abgenommen werden müssen, sobald sie aufgesprungen sind, so ist man gezwungen, fünf bis sechsmal einzuernten.

Der Frost kann dieser Sommerpflanze wohl wenig Schaden thun, aber desto mehr ist sie den Insekten ausgesetzt, die manchmal wahre Verheerungen auf den Plantagen anrichten, und auf die man auch gewöhnlich zur Nachtzeit, durch das Anzünden von großen Feuern oder Fackeln, Jagd macht. Das Licht zieht sie an und in dieser Weise finden sie in den Flammen ihren Tod.

Die beiden Hauptbedingungen zu guter Bestellung der Baumwoll-Plantagen sind die Neger und die Maulthiere, denn die tropische, brennende Sonne des Sommers macht den Weißen wie den Pferden den Aufenthalt auf den Feldern während des Tages unmöglich. Nur die Neger und die Maulthiere können sie ertragen. Die Maulthiere werden hauptsächlich in den Staaten Kentucky und Tenessee gezüchtet, sie kosten durchschnittlich 150 Dollars das Stück. Man braucht ihrer, je nach der Gattung des Bodens, je eines pro 25—30 Acker.

Vor dem großen Sclavenkriege und der Emancipation wurden die Neger ebenso wie Maulthiere gezüchtet, es geschah dies hauptsächlich in den nördlicheren Südstaaten, den „Breeding States", wo sie gepaart, gezüchtet und gefüttert wurden, bevor sie auf den südlichen Sclavenmarkt kamen. Gegenwärtig, wo sie „Gentlemen" geworden, züchten sie sich selbst, aber es braucht kaum gesagt zu werden, so elend als nur möglich. Die Kinder sterben oder „werden gestorben" in ganz erschreckender Zahl, denn sie sind nur eine Bürde für die Eltern, die kaum selbst genug haben, um sich vor dem Hungertod zu schützen. Vor dem Kriege übernahm der Sclavenzüchter die Pflege und Ernährung der Kinder, denn jedes derselben repräsentirte damals einen Werth von mindestens 100 Dollars. Gegenwärtig jedoch müssen sie von den Neger-Eltern selbst groß gezogen werden, und das kostet Geld, welches Vater und Mutter lieber für sich selbst verwenden, sei es in Branntwein für den ersteren oder in Kleidern für die letztere. Ihre Wohnungen sind entsetzlich und weichen im Allgemeinen nur wenig von denen ihrer afrikanischen Race-Genossen ab. Sie befinden sich auch fast niemals in diesen elenden Löchern. Die Arbeitszeit dauert, mit Ausnahme kurzer Unterbrechungen für die Mahlzeiten, vom frühen Morgen bis zum späten Abend. Die Löhne werden nicht auf einmal bezahlt, sondern theilweise monatlich, theilweise am Ende des Jahres, wenn der Ertrag der Ernte eingeflossen ist. Außer den Löhnen — etwa 8 Dollars pro Monat — erhält der Neger noch gewöhnlich freie Wohnung und Kost, d. h. eines der geschilderten Löcher, und etwas Mehl und Speck.

Die Baumwollen-Staude.

Es ist deshalb auch begreiflich, daß die Arbeitskraft des Negers bei Weitem nicht die gleiche ist, wie zur Zeit der Sclaverei, wo er gut gefüttert und gepflegt wurde; die Pflanzer rechnen seine Arbeitskraft gegenwärtig um ein Drittheil geringer an, als vor der Emancipation.

Im Allgemeinen sind die Zustände der Neger-Bevölkerung, welche beiläufig die Hälfte der Gesammt-Bevölkerung der Südstaaten ausmacht, gegenwärtig bei Weitem schlechter, als vor der Emancipation. Sie sind nicht fähig, sich selbst zu erhalten, es unterliegt keinem Zweifel, daß sie, soweit sie die Südstaaten bewohnen, dem allmählichen Untergange geweiht sind.

Im Ganzen genommen, giebt es in den Vereinigten Staaten keine bessere agrarische Feld-Anlage, als eine Baumwollen-Plantage, zumal gegenwärtig, wo Tausende der vorzüglichsten Plantagen aller Größen aus Mangel an Kapital brach liegen. Die Ernte ergiebt auf einem Boden, welcher etwa 10 Bushel Getreide pro Acker tragen würde, 500 Pfund Baumwolle pro Acker, aber in reichem Boden steigt sie auch auf 1000 bis 1200 Pfund. Dabei ist die Kapital-Anlage eine äußerst geringe, und oft beträgt der Ertrag der Plantage in einem Jahre eben so viel, als ihr ganzer Werth ist. Aber das Geld fehlt eben, um die Baumwollen-Anpflanzung rentabel zu machen. Sie lag zur Zeit des Krieges und eine lange Zeit nach demselben gänzlich darnieder, erst in neuester Zeit scheint sich die Ernte wieder zu heben. Dies geht schon aus den Berichten des Vereinigten Staaten-Census vom Jahre 1870 (des letzten) hervor, dem zufolge die Gesammt-Produktion der Vereinigten Staaten an Baumwolle im Jahre 1860 fünf und eine halbe Million Ballen (jeder Ballen zu 400 Pfund) und im Jahre 1870, also nach dem Kriege, nur mehr drei Millionen Ballen war. Diese letzte Ziffer ist jedoch bereits glänzend zu nennen, im Vergleiche zu jenen der Kriegsjahre 1861 bis 65.

Dem gleichen Census zufolge ist der Baumwollen-reichste Staat Mississippi mit 564,000 Ballen; ihm folgen Georgien und Alabama mit je 450,000, Louisiana und Texas mit je 350,000 Ballen.

Früher wurden diese Millionen von Ballen nahezu sämmtlich nach England zur Verarbeitung geschickt, um erst in fertigen Stoffen oder Kleidungsstücken nach Amerika zurückzukehren. Gegenwärtig jedoch wird der gesammte Bedarf zumeist in amerikanischen Fabriken selbst hergestellt; den Cotton-Lords von Manchester und Liverpool wurde dadurch gewaltig das Handwerk gelegt. —

5. Durch Virginien.

Virginien, einer der schönsten und reichsten Staaten der amerikanischen Union, ist zugleich ihr ältester Staat, noch heute führt er, von der Periode der englischen Herrschaft her, den Namen „Old Dominion." Wie die Staaten Georgien, die Carolina's und Maryland, so erhielt auch Virginien seinen Namen von einem Regenten seines alten Mutterlandes England, von der jungfräulichen Königin Elisabeth, es wurde auch von englischen Einwanderern zuerst besiedelt, bepflanzt und kultivirt. Die Geschichte des Staates seit jenen Tagen war bewegt und groß; sie war die Geschichte des ganzen Continents, an dessen Schicksalen Virginien den hervorragendsten Antheil nahm. Die größten Staatsmänner, Generäle und Redner nannten Virginien ihr Heimathsland. Der Gründer der Republik, Washington, war ein Virginier; die Präsidenten Madison, Jefferson, Monroe, Harrison, Tyler, Tailor waren Virginier; Lee, Jackson und die Mehrzahl der übrigen Generale der südlichen Armeen im Bürgerkriege waren Virginier. Das Land besaß seine Aristokratie ebenso reich an Ahnen wie an irdischen Gütern; nirgends gab es in den Vereinigten Staaten einen schöneren, stolzeren Menschenschlag als in diesem ältesten Lande europäischer Kultur.

Virginien hat bis heute sein Aussehen als ehemalige Kolonie Englands bewahrt, seine Ländereien haben viel Aehnlichkeit mit den herrlichen Grafschaften von Surrey

Das Neger-Camp auf der Baumwoll-Plantage.

und Kent. Der Himmel ist klar und blau, das Klima köstlich. Welches üppige Grün in den weiten Ebenen, welche Frische und Klarheit in den zahlreichen Flüssen, welch' majestätischer Baumwuchs in den ausgedehnten Wäldern! Schon der Name des Staates, Virginien, birgt einen eigenthümlichen, idyllischen Zauber in sich, der beim Besuche noch gehoben wird. Ueberall ist Wasser. Die aus den westlichen hohen Gebirgsketten der Alleghanies kommenden Ströme durchziehen das Land in seiner ganzen Breite; Ebbe und Fluth des Meeres dringen durch ihre Mündungen bis weit in's Land hinein. Hunderte von sprudelnden, klaren Bächen bewässern Wiesen und Felder; die Thäler bergen kleine Seen und fischreiche Weiher. Durch die Schluchten am Ostabhange der Gebirge stürzen sich die Schneewässer in Kaskaden und Wasserfällen. Die kleineren Flüsse sind mit allerhand Bauhölzern aus den Wäldern, die Ströme hingegen mit allerhand Schiffen des Oceans bedeckt. Das Land wird von einer Bergkette durchzogen, die das fruchtbare Thal des Shenandoa im Osten, von jenem von Winchester im Westen trennt. Diese Bergkette — die östlichste der Alleghany-Ketten — erhielt den Namen „Blue Ridge" „Blaue Berge", der von der eigenthümlich blauen Färbung herrührt, den die tagsüber purpurnen Bergspitzen bei Sonnenuntergang annehmen, die lebhaft an das intensive Blau des Golfes von Neapel erinnert.

Die Sonne prangt das ganze Jahr hindurch am Firmament. Ihre Strahlen werden niemals durch Nebel, selten durch Wolken verhüllt; die lachenden grünen Fluren sind Sommer und Winter in warmem Lichte gebadet, mit denen die wunderbaren, bewaldeten Ketten der blauen Berge am Horizonte seltsam kontrastiren. Hier und da, außerhalb der Ketten, erheben sich einige isolirte Berggruppen, deren bedeutendste, die weiße Kuppe, 4000 Fuß Höhe erreicht. Vom Fuß bis zum Gipfel sind diese Berge mit Pinien, Ahorn, Eichen und Nußbäumen bedeckt, die im Herbste in dem grellsten Farbenschmucke prangen. Hier kann man den berühmten Indianersommer in vollster Pracht sehen: Hellgelb, Orange, Scharlach, Carmoisin und Rothbraun vermengen sich mit den verschiedensten Nüancen des Grün. Nirgends kann man sich den Herbst schöner denken, als hier in diesen Apenninen von Amerika.

Und mit der Schönheit des Landes geht auch seine Fruchtbarkeit Hand in Hand. Prachtvolle Trauben, wie auf dem Boden Italiens gereift; Melonen, wie aus dem südlichen Banat; Reinetten und Api-Aepfel, die sonst nur auf fürstlichen Tafeln prangen, in Hülle und Fülle. Da sieht man Mais und Tabak, daneben ein Feld mit Haselsträuchern und Pataten. All' diese Früchte sind uns wohl bekannt, aber wir sehen sie niemals in solchem Gewande, in solcher Fülle im Freien wachsend.

Neben der Kultur des Weines ist jene des Tabaks eine der bedeutendsten Erwerbsquellen des Staates. Walter Raleigh war es, der den Tabak hier zum ersten Male anpflanzte und seinen Gebrauch in England einführte. Der Virginier

Tabak ist zur Fabrikation von Cigarren weniger geeignet, als jener von Havanna, aber er ist der beste zur Bereitung von Schnupf- und Rauchtabak. Auch der feinste

Der Hafen von Richmond.

Kautabak wird in Virginien erzeugt; die Fabriken von Richmond und Lynchburg versorgen damit beinahe den ganzen Continent. Der Kautabak, der in Amerika bekanntlich bei der Hälfte der männlichen Bevölkerung im Gebrauch steht, wird in

Form von harten Kuchen erzeugt, denen man ihre Consistenz durch Beimischung von Melasse und etwas feinem Oel giebt und sie dann preßt*).

So günstig nun auch diese natürlichen Verhältnisse des Staates sind, so ist es mit den socialen Zuständen Virginiens doch schlecht bestellt. Zwischen zwei Feuern gelegen, verheert durch die Armeen des Südens wie durch jene des Nordens, hat Virginien während des Bürgerkrieges ärger gelitten, als irgend ein anderer Staat der Union. Seine Hauptstadt Richmond wurde zerstört, verbrannt, geplündert, die größten Schlachten wurden auf Virginiens Boden geliefert, nur wenige Gegenden entgingen den Verheerungen des Krieges, Verheerungen, die sich noch jetzt in Stadt und Land unendlich fühlbar machen. Der Mann hat es gelernt, zu vergeben. Die Frau wird es niemals können, gerade wenn sie überwunden ist, zeigt sie ihren Heroismus. In allen Städten des Südens haben die Frauen das Andenken an den Krieg, in dem ihre Väter und Männer fielen, frisch im Gedächtniß, überall erheben sich Monumente und Denkmäler zur Erinnerung an die Gefallenen und ihre Thaten. Leider muß man zugeben, daß Virginien unter allen Staaten des Südens am strafwürdigsten war, daß das gegenwärtige materielle Siechthum, hervorgerufen durch den Krieg, nur eine gerechte Folge des moralischen Siechthums war, das vor dem Kriege hier herrschte. Virginien hatte wenig Ursache für den Fortbestand der Sclaverei in den Kampf zu treten, denn während in den südlicher gelegenen Staaten

Volkstypen: Im Speisesaal eines Hotels im Süden.

---

*) Wie bei den Männern das Tabakkauen, so steht bei vielen Frauen des amerikanischen Südens das „Schnupftabak-Dippen" in Gebrauch, das darin besteht, mittelst eines hölzernen Stäbchens den Schnupftabak auf und zwischen die Zähne zu reiben. Der eigenthümliche, dadurch hervorgebrachte Nervenreiz wird bald zum Bedürfniß. Obschon dieses „Dippen" der Gesundheit ungemein nachtheilig ist, wird es doch von den Damen ebenso leidenschaftlich betrieben, wie von den Männern das Tabakkauen.

die Bearbeitung des Bodens durch den Weißen, der enormen Hitze wegen, unmöglich, die Negerarbeit hierzu nöthig ist, kann man diesen Grund für Virginien

—·—

Natürliche Brücke in Virginien.

nicht gelten lassen. Virginien besitzt das beste Klima unter allen Staaten Amerikas; die Luft ist trocken; es giebt keine stagnirenden Wasser und Moräste; die Landplagen

Louisianas und Carolinas, das Wechsel- und Broken-bone-Fieber treten in Virginien nur schwach auf, die Temperatur ist jene Siciliens. — Die Virginier bedurften deshalb der Neger zur Bearbeitung des Bodens nicht, aber sie verlegten sich auf ihre Züchtung; auf das Großziehen und den nachherigen Verkauf der Kinder, der ihnen große Reichthümer einbrachte. Als nun diese Hunderttausende von Negern plötzlich frei wurden, fiel demnach auch der ganze Reicht' m, das ganze Einkommen der Pflanzer-Aristokratie in nichts zusammen, das Lan' urde um viele Millionen beraubt, die es jetzt durch ehrlichere Mittel, durch Ackerbau und Industrie wieder einbringen muß.

Daß Virginien in dieser Hinsicht rasch vorwärts schreitet, sieht man schon bei einer flüchtigen Fahrt auf einer der zahlreichen Eisenbahnen, welche den Staat nach allen Richtungen durchziehen. Nicht allein im offenen Lande sieht man diesen Fortschritt, auch in den vielen Städten und Dörfern, die der volkreiche Staat besitzt. Vor dem Kriege gab es beispielsweise hier keine öffentlichen Schulen, denn die aristokratischen Familien betrachteten sie als die guten Sitten beeinträchtigend, sie hielten Privatlehrer für ihre Kinder. So wuchs der Neger damals ohne irgend welchen Unterricht heran; nach dem Kriege jedoch wurden sofort öffentliche Schulen für die Weißen und für die Schwarzen gegründet, Schulen, die vom Staate erhalten werden, und in denen der Unterricht frei ertheilt wird.

Richmond, die fünfzig bis sechszig Tausend Einwohner zählende Hauptstadt des Staates zeigt wenig mehr von dem Charakter der Städte des Südens. Durch Industrie und Handel, die sich hier rasch entwickeln, schließt es sich immer mehr den Städten des Nordens an, ebenso wie auch das Land selbst sich nicht mehr mit der Bebauung der Felder allein begnügt, sondern seine ungeheuren mineralischen Schätze: Eisen, Granit und Kohle auszubeuten beginnt. Richmond ist eine der malerischesten Städte von Amerika; es besitzt nichts von den abgezirkelten, schnurgeraden, ebenen Straßen-Anlagen, nichts von den kasernenartigen Häuserreihen. Ueberall ist Abwechslung in der Größe und Bauart der Häuser, in ihrem Reichthum und ihrer Umgebung. Häufig findet man neben den breitesten Hauptstraßen offene Rasenplätze, auf denen Kühe und Ziegen grasen und in deren Hintergrund man irgend eine vereinzelte Negerhütte erblickt. Aus den hügelauf- und hügelabführenden Straßen gelangt man an verschiedenen Stellen in die schmutzigen, ärmlichen Negerquartiere und Negerdörfer, welche den Zigeunerlagern ungarischer und rumänischer Städte an Schmutz und „pittoreskem" Aussehen wenig nachstehen.

Auf der höchsten Anhöhe Richmonds erhebt sich der stolze Bau des Kapitols von Virginien, in seiner Bauart einem griechischen Tempel gleichend. Dieses Kapitol bildet den schönsten Aussichtspunkt der Stadt, mit ihren vielen Kirchen, ihrem den Terrainwellen sich anschmiegenden Häusermeere, ihrem durch die breite Mündung des

James-Flusses gebildeten Hafen. Es ist ein herrliches, großstädtisches Bild, welches besonders durch das breite, inselbesäete Flußbett mit seinen grün bewaldeten Ufern gehoben wird.

Wie vorbemerkt, haben wenige Städte der Union so sehr durch den Krieg gelitten, wie Richmond, die einstige Hauptstadt der Foederation. Zahlreiche geschichtliche Denkmäler und herrliche Monumente halten die Erinnerung an die vergangenen Unglückstage wach.

Wir wollen nun noch die westlichen Bergketten Virginiens, die Apenninen Amerikas besuchen, deren gewaltige Silhouetten wir am fernen Horizont erblicken. Eine der fünf großen, vom atlantischen Ocean nach dem Westen führenden Eisenbahnlinien, die Chesapeake-Ohio-Eisenbahn bringt uns nach mehrstündiger Fahrt in das Herz der Berge. Es sind Gebirgsketten, die sich von Alabama und Georgia bis an den St. Lorenzo in Canada hinziehen, in Virginien aber ihre größte Masse und Ausdehnung erreichen. Viele Gipfel dieser noch wenig erforschten Gebirge erheben sich bis zu 6500 Fuß und ihre schönen Konturen heben sich anmuthig von dem blauen, klaren Himmel des Südens ab.

Der Zug führt uns in raschem Fluge durch die entzückendsten Landschaften. Die Hitze der Ebenen ist hier äußerst gemäßigt, und man freut sich bloß des Lichtes der Sonnenstrahlen, ohne daß ihre Wärme lästig wird. Wir stehen auf der Plattform des letzten Waggons und betrachten das großartige Ensemble von Berg und Thal, von Flüssen und Wäldern, das sich durch das rasche Fortschreiten und die Wendungen des Zuges fortwährend ändert, fortwährend neue, überraschende Bilder zeigt. Je weiter wir gegen Westen kommen, desto größere Schwierigkeiten stellen sich dem Zuge entgegen. Schluchten und Tunnels, tiefe Thäler und Bergabhänge, Serpentinen und Steigungen. Bei White Sulphur Spring, dem bereits im Staate West-Virginien gelegenen bekannten Mineralbade, erreichen wir endlich die westlichen Abhänge der Alleghanies und verlassen hier den Zug, um das Bad und die unfern davon gelegene berühmte natürliche Brücke zu besuchen. Eines jener Riesenhôtels, wie wir sie an den Niagara-Fällen, in Saratoga und an anderen Orten bereits kennen lernten, öffnet uns die gastlichen Pforten. Wie überall, so ist auch hier viel für das Auge — wenig für den Magen zu finden. Ungeheure Tanzsäle, ein Speisesaal von 800 Fuß Länge, prachtvolle Zimmer für nahezu 2000 Gäste, allein wenig und außer den regelmäßigen Mahlzeit-Stunden gar nichts zu essen.

Das Bad White Sulphur Spring („weiße Schwefelquellen"), etwa 2000 Fuß über dem Meere gelegen, erfreut sich in Amerika eines bedeutenden Rufes und ist als das Saratago des Südens viel besucht. In einem der schönsten Alleghany-Thäler gelegen, rings von bewaldeten wild- und wasserreichen Gebirgen umschlossen, ist es der Lieblingsaufenthalt der Südländer zur Zeit des Sommers, alsdann beherbergt es auch in seinen großen Hôtels die eleganteste und vornehmste Gesellschaft des Südens.

Aber auch der natürlichen Felsenbrücke wegen wird White Sulphur Spring viel besucht, denn von hier aus führt eine Omnibus-Verbindung nach jenem Naturwunder, das von den Virginiern gerne an Großartigkeit mit dem Niagara verglichen wird. Es ist ein Thorbogen, von etwa neunzig Fuß Spannung, der sich über die 200 Fuß tiefe, steile Schlucht des Cedar Creek, eines im Sommer wasserarmen Nebenflusses des James-Flusses wölbt.

6. Baltimore.

Unter den großen Handelsstädten Amerikas steht Baltimore, die Hauptstadt von Maryland, neben New-York und Boston, San-Francisco und Neu-Orleans in erster Linie. Es ist das New-York des Südens, wenn es überhaupt gerechtfertigt ist, Baltimore als eine südliche Stadt zu bezeichnen. Wohl war es vor und zu der Zeit des großen Sclavenkrieges, als die Metropole eines Sclavenstaates, mit seinen Interessen an den Süden gebunden. Allein seit der Beendigung desselben hat es gleich Louisville und St. Louis immer mehr den Charakter der nördlichen Städte angenommen, und die kommerziellen Interessen Baltimores wenden sich immer mehr gegen den Norden und die westlichen Staaten, mit denen es durch eine der fünf ost-westlichen Hauptverkehrsadern Amerikas, der Baltimore- und Ohio-Eisenbahn in Verbindung steht, und dadurch in den letzten Jahren zu einem großen Ausfuhrhafen heranwuchs. Die große Handelsstadt mit ihren 500,000 Einwohnern hat ungeachtet ihrer verhältnißmäßigen Jugend — sie wurde 1729 gegründet — bereits zwei Blüthezeiten erlebt. Die erste Periode begann vor dem Unabhängigkeitskriege und verlief in den zwanziger Jahren dieses Jahrhunderts, die andere begann ungefähr vor 12 Jahren. Jene wurde durch den maritimen Aufschwung herbeigeführt, diese ist vorzugsweise das Werk ihres Binnenverkehrs. In den letzten Dezennien des achtzehnten Jahrhunderts blühte die junge Stadt am Patapsco rasch empor; ein stolzes Geschlecht unternehmender, weitsichtiger Kaufleute sandte seine Schiffe auf alle Meere und riß, durch die Gunst der Verhältnisse getragen, den reichen westindischen, mexikanischen und südamerikanischen Handel an sich. Baltimores Klipperschiffe wurden Modelle für die Construktionswerften der seefahrenden Völker; die anmuthigen Formen der Clyde-Dampfer, überhaupt der modernen Schiffsbaukunst, wurden zuerst in Baltimore eingeführt und so aus den unbehülflichen, schwerfälligen Kolossen schnellsegelnde Fahrzeuge gemacht. Die Eröffnung der Emigrantenstraßen nach dem Westen, die Gründung neuer Staaten und Städte am Ohio, Wabash und Mississippi war indessen von schicksalbestimmender Rückwirkung für die vier atlantischen Hafenstädte Boston, New-York, Philadelphia und Baltimore.

New-York baute seinen Erie-Canal, das großartigste öffentliche Werk damaliger Zeit, es sicherte sich dadurch den Schlüssel zu der Kornkammer des Westens; Philadelphias Handel siechte und die ehemalige Metropole wurde zur Fabrikstadt. Vom Jahre 1825 a. ging es auch mit Baltimore rückwärts, seine größten Handelshäuser verlegten ihren Schwerpunkt nach New-York. In jener Zeit entstand die „Baltimore-Ohio-Bahn" von deren Verhältnissen und endlichem Aufblühen die Stadt in nicht geringer Weise abhängig war. Zwei Baltimorer Handelsherren, welche die Situation wiederholt besprochen hatten, kamen in der Mitte der zwanziger Jahre auf die Idee, eine Schienenstraße über das unwegsame Alleghany-Gebirge, bis zum Ohio zu bauen, und der Stadt auf diese Weise einen Theil des Verkehrs mit dem Westen zu retten. An regelmäßige Dampf-Locomotion war damals noch kein Gedanke, man dachte sich die Sache vielmehr so, daß die Postkutschen und Frachtkarren durch Pferde-Relais befördert werden sollten. Infolge dessen führen noch heute verschiedene Stationen der Bahn den Namen „Relais-House". Die Capitalien waren bald gezeichnet und im Jahre 1829 hatte Amerika in diesem, von Baltimore aus gegen Westen führenden Schienenwege seine erste Eisenbahn, auf welcher allerhand Motoren, Pferde, Segel etc. vor erst in Verwendung standen, um erst im Jahre 1830 von der eben erfundenen Locomotive befahren zu werden. Natürlich half unter solchen Umständen die Bahn der Stadt nur sehr wenig, denn erst als im Jahre 1842 die große Maryländer Kohlenregion durch die Bahn mit der Hafenstadt an der Chesapeake-Bai in Verbindung gebracht wurde, begann man aus der Bahn und dem riesigen, zu ihrem Bau verwendeten Capital Nutzen zu ziehen. Es dauerte weitere zehn Jahre, bis die Bahn die ungeheuren Gebirgsketten der Alleghanies, mit zahllosen Brücken und Serpentinen, Steigungen und Tunnels überschritten und bei Wheeling im Staate West-Virginien den Ohio-Strom erreicht hatte.

Wohl war somit das Gebirge überspannt, der große fruchtbare Westen mit der Handelsstadt an der Atlantis in Verbindung gebracht, allein in der Zwischenzeit

Volkstypen: Ein schwarzer Kellner.

war ihr eine andere Stadt, nämlich Philadelphia, mit seiner großen Pennsylvania-Eisenbahn zuvorgekommen. Die letztere führte durch ein dichtbesiedeltes Gebiet, hatte mit weniger Terrain-Schwierigkeiten zu kämpfen und sicherte sich außerdem jenseits der Alleghanies, in Pittsburg, den Anschluß der mittlerweile in den Weststaaten entstandenen Bahnen.

Baltimore war in dem großen Wettrennen um den Handel des Westens zu spät gekommen, sein commerzieller Verfall schien außer Frage zu sein. Die Tabaks-Ausfuhr und der Kaffee-Import, früher Baltimores Monopol, begannen zu schwinden. Der Magnet auf Manhattan zog Alles an sich, New-York beherrschte den Markt und die Börse, besorgte Einfuhr und Ausfuhr; die Stapelprodukte des Südens und die Cerealien des Westens fanden nur noch in New-York ihren Markt.

Der Bürgerkrieg drohte endlich der Stadt Baltimore und ihrem Handel den Rest zu geben; der Schiffsbau, früher ihr Stolz, hörte ganz auf; die Ankunft eines größeren Schiffes wurde Anfangs der sechziger Jahre fast zu einem Ereignisse, und ein Oceandampfer war den Baltimorern ein unbekanntes Ding. Was nützte der Stadt ihre Bahn bis zum Ohio; kein Cincinnatier, Chicagoer oder St. Louiser Kaufmann konnte daran denken, sie für seine Waarensendungen zu benützen, weil eben der direkte Import und Export mit Ausnahme weniger Häuser in Baltimore ganz eingegangen war. Die Bahn selbst war noch viel schlimmer daran als die Stadt. Keine Eisenbahn des Landes wurde durch den Krieg so empfindlich geschädigt, als gerade die „Baltimore-Ohio-Bahn". Eine große Strecke derselben führte durch streitiges Gebiet und wurde von beiden Armeen abwechselnd und gründlich zerstört. Während die nördlichen Bahnen durch Truppenbeförderungen und in Folge der commerziellen Blüthe, welche der Krieg mit sich brachte, reiche Ernten hielten, war die „Baltimore-Ohio-Bahn" gelähmt; nur die kleine Zweiglinie nach dem nahen Washington machte ein enormes Geschäft und deckte einigermaßen den Ausfall. Die Gesellschaft hatte jedoch das Glück, von großen Finanziers geleitet zu werden.

Der 379 Meilen langen Stammlinie wurden in den folgenden Jahren immer mehr Zweigbahnen in die an Boden- und Feld-Produkten reichen Länderstriche hinzugefügt, hier Baumwollen- oder Tabak-, dort Kohlen- oder Petroleum-Distrikte erschließend, deren Reichthümer nach Baltimore geschafft, den Seehandel der Stadt wieder zum Aufblühen brachten. Ja die Bahn-Verwaltung beschränkte sich nicht auf den Betrieb ihrer Schienenwege. Sie legte Kohlengruben und Bergwerke an, kaufte Dampfschiffe und Werften und baute ungeheure Maschinen-Werkstätten zur selbstständigen Anfertigung des Bahn-Materials. In den letzten Jahren gelang es ihr endlich, einen Theil des Verkehrs von Cincinnati, St. Louis und Chicago an sich zu reißen, damit kam sie in die Lage, transatlantischen Dampferlinien Nahrung zu geben. So entstanden in Baltimore, das aus diesem Durchfuhrhandel die bedeutendsten Vortheile zog, neben einer englischen auch die Linie Bremen-Baltimore, welche als Eigenthum des bekannten „Nord-Deutschen Lloyd" von dessen prächtigen und bequemen Dampfern befahren wird.

Wie nun die Blüte jeder Stadt, insbesondere jeder Hafenstadt, hauptsächlich von ihren Verkehrsmitteln abhängig ist, so war es auch mit Baltimore der Fall, und mit dem Emporkommen der nach Westen und Süden führenden Eisenbahnen stieg auch der Handel und Verkehr, folglich auch der Reichthum der schönen Stadt.

Baltimore ist eine recht schöne Stadt. Nicht nur seine geraden Straßen, sein prächtiges, aristokratisches Quartier, seine Monumente und Parks machen es dazu. Schon seine herrliche Lage, auf den Anhöhen der Chesapeake-Bai, verleiht der Stadt einen natürlichen Reiz, den man in dem einförmigen Philadelphia und anderen Städten der Union vergeblich suchen würde. Die Häuser sind in freundlicherem, künstlerisch schönerem Styl gebaut als in der Zügelwüste der Quäkerstadt; in den vornehmen Stadttheilen bildet Stein das Baumaterial, die Residenzen der Aristokratie umgiebt eine seltene, an europäische Großstädte erinnernde Eleganz. Die Stadt hat breite Avenuen, große mit Monumenten und Prachtbauten geschmückte Plätze, Alleen und Rasenflächen. In zahlreichen Straßen zeigt sich lieblicher Baumschmuck.

Die Hauptverkehrsstraße ist die Baltimore-Street mit den größten Hôtels, Kaufläden und den bekannten eisernen Zeitungs-Palästen, die wir bis jetzt in jeder Großstadt Amerikas gefunden haben. Von dieser Verkehrsstraße aus genießt man häufig den Ausblick in breite, landeinwärts aufsteigende Avenuen, Plätze und Bauten, die in ihrer Großartigkeit nur mit wenigen Gebäuden Amerikas verglichen werden können. So z. B. die neuerbaute, marmorne „City Hall", das Stadthaus von Baltimore, das an Pracht und Stylvollendung selbst das Stadthaus von New-York überragt; die herrliche katholische Kirche ꝛc.

Von allen Städten Amerikas zeigt Baltimore am auffallendsten den englisch soliden Charakter. Im Straßen- und öffentlichen Leben wie im geschäftlichen Verkehr machen sich Reclame, Marktschreierei, rasende Thätigkeit und — Schwindel weniger breit, als anderswo, man erkennt leicht, daß der Erwerb hier auf einer breiteren, solideren Grundlage ruht, die nicht denselben Schwankungen wie in anderen Städten ausgesetzt ist. Auch der Charakter der Bevölkerung Baltimores ist ruhiger und trägt nur wenige Züge des „Yankee" an sich, was wohl theilweise dem starken Contingent der Deutschen, theilweise dem südlichen Element zuzuschreiben sein mag. Baltimore ist eine der hervorragendsten deutschen Städte Amerikas, es hält in Bezug auf das geistige und gesellige Leben der Deutschen mit St. Louis und Cincinnati gleichen Schritt. Zahlreiche tüchtige Vereine: der Musik, der geistigen Ausbildung, der geselligen Unterhaltung gewidmet, ließen das Deutschthum Baltimores unter dem kräftigen Schutz einiger vortrefflich geleiteter Journale erstarken. Auch Handel und

Gewerbe liegen nicht nur zum großen Theil in den Händen der Deutschen, sondern es zählen zu ihnen sogar die angesehensten und bedeutendsten Firmen der Stadt. — Baltimore ist gleichzeitig die einzige der östlichen Großstädte, in welcher das deutsche Schulwesen, Dank den Bemühungen der Presse und der Vereine, zu Anerkennung gelangte. In allen Stadtbezirken entstanden eigene, auf Gemeindekosten erhaltene öffentliche englisch-deutsche Schulen.

Unter diesem vielsagenden, wohlthätigen Einfluß des Deutschthums sieht auch die einstige Bigotterie und Scheinheiligkeit, wie sie noch heute in Philadelphia und Boston viele Gesellschaftskreise umfaßt, dahin. Mag auch Baltimore als der Hauptsitz des Katholicismus in Amerika gelten, von einer so strengen Handhabung der Sonntags-gesetze wie in New-York und der Quäkerstadt, ist hier keine Rede. Der Geist der Freiheit herrscht überall. Daß die in den Neu-England-Staaten so verbreitete Temperenz-Wirthschaft, der ausschließliche Wasser- und Limonadengenuß, in der schönen Metropole der Chesapeake-Bai ebenso wenig festen Fuß gefaßt hat, geht schon aus der Thatsache hervor, daß man hier nicht weniger als elfhundert Bierlocale zählt, die größtentheils von Deutschen gehalten werden.

Das Neger-Element ist in dieser einstigen Stadt des Südens natürlich unge-mein zahlreich, alle untergeordneten Stellungen, vom Aufwärter in den Hôtels und Restaurants herab bis zu den Stiefelputzern, Straßenkehrern und Dockarbeitern werden von ihnen mit mehr oder weniger Geschick ausgefüllt. Allein selbst hier nehmen sie nirgends eine öffentliche Stellung ein, sei es auch nur die des Stra-ßen-Polizisten oder des Pferdewagen-Kutschers. Hier sind sie nach wie vor ebenso verpönt, wie in den Schulen und Kirchen, deren sie ihre eigenen haben. In den katholischen Negerkirchen versehen noch weiße Priester das Amt der Seelsorger, in den Baptisten- und anderen Kirchen sind es bereits Neger-Geistliche; es gewährt einen sonderbaren Anblick, den kohlschwarzen Seelsorger in ebenso schwarzem Frack und weißer Kravatte für seine afrikanischen Stammesgenossen «Divine service» ver-richten zu sehen. Wie sämmtliche Kirchen der Weißen, so werden auch jene der Schwarzen in ganz Amerika durch freiwillige Beiträge errichtet und unterhalten. Auffallend war mir an einer Baptisten-Kirche die Anzeige: „In dieser Kirche ist das Rauchen verboten."

Die Schönheit der Frauen von Baltimore ist sprichwörtlich. Sie sind der all-gemeinen Ansicht nach die schönsten Frauen Amerikas, und das will bei der bekannten Körperschönheit und Anmuth der letzteren viel sagen. Unter solchen Umständen ist es in der That zu bedauern, daß die Zahl der männlichen Einwohner der Ver-einigten Staaten um mehr als eine halbe Million größer ist, als die der weiblichen, ein Mißverhältniß, das in keinem civilisirten Staate der Erde so bedeutend ist.

Unter allen Städten der Union ist Baltimore die reichste an Monumenten, was ihr auch den pompösen Titel „Stadt der Monumente" eintrug. Das schönste und großartigste dieser Monumente, ein hoher massiver Stein-Obelisk mit einer Colossal-statue, ist Washington, dem Gründer der amerikanischen Republik geweiht, es steht auf einer inmitten der Stadt gelegenen Anhöhe, deren Straßenanlagen und Privat-bauten, geschmückt mit Baumalleen und Rasenplätzen, in der That großartig sind. Von der Spitze des alle anderen Gebäude bei weitem überhöhenden Washington-

Eine Neger-Kirche.

Monuments ist das Panorama der Stadt und der östlich von ihr sich ausdehnenden Wasserfläche der Chesapeake-Bai überraschend schön. Die ganze ungeheure Stadt mit ihren zahlreichen Thürmen, ihren Tausenden von großen Stein-Palästen, ihren Plätzen und mit Bäumen durchzogenen Straßen, mit ihrem prächtigen, von Dampfern und Drei-mastern durchfurchten Hafen liegt zu unseren Füßen, überspannt von dem hier ewig-blauen, sonnigen Himmel des Südens, im Westen von sanft ansteigenden, mit köstlich grüner Vegetation bedeckten Hügeln begrenzt, in deren Nähe sich eine prachtvolle große Parkanlage, der Druid Hill Park, das Bois de Boulogne von Baltimore, ausdehnt. So vereinigt denn die herrliche Metropole des Tabakstaates Maryland

Washington: „Das weiße Haus", der offizielle Sitz des Präsidenten der Vereinigten Staaten. (Siehe Band 1, Seite 12.)

alle Vorzüge großstädtischer Bequemlichkeit, schöner Lage und reizender Umgegend in sich, sie erscheint dadurch als einer der angenehmsten Aufenthaltsorte in den Vereinigten Staaten.

II. Theil.

1. Boston und die Neu-England-Staaten.

Seit dem Beginn des vorigen Jahrhunderts, noch lange vor der Erklärung der Unabhängigkeit der amerikanischen Kolonien, bis herab auf die neueste Zeit, bildete die nordöstliche Ecke der Vereinigten Staaten, das sogenannte Neu-England mit seiner industriellen und geistigen Hauptstadt Boston, auch den industriellen und geistigen Mittelpunkt der ganzen Union. Kunst und Wissenschaft, Industrie und Handel haben in den sechs kleinen Neu-England-Staaten*) und vor allem in den Staaten Massachusetts und Connecticut zuerst ihren Hauptsitz gefunden. Allerdings entwickelt sich gegenwärtig, in den pilzartig emporstrebenden Mittel- und Weststaaten Amerikas, in New-York, Pennsylvanien, Illinois ꝛc. ein viel kräftigeres, mächtigeres und bedeutenderes Amerikanerthum, das in kurzer Zeit auch zum herrschenden Elemente herangewachsen sein wird; bis auf die letzten Jahre jedoch ging der Hauptanstoß zu dem industriellen und geistigen Leben Amerikas doch noch von Neu-England aus, geradeso wie das letztere im vorigen Jahrhunderte den Hauptsitz des Handelslebens bildete. Die Neu-England-Staaten können demgemäß als die Wiege des Kontinents betrachtet werden. Sie wurden, dank ihrer günstigen geographischen Lage und ihrer zahlreichen, sicheren Häfen, von Europa aus zuerst besiedelt, und der ganze Verkehr mit den Kolonien, sowie die Besiedlung derselben koncentrirte sich in der ersten Zeit geradeso in Boston, wie es jetzt mit New-York der Fall ist.

So entwickelte sich Neu-England auch in politischer Hinsicht zuerst, es gab der Mehrzahl der amerikanischen Unions-Staaten seine politischen Institutionen. Neu-England war die Wiege und der Herd der großen Revolution, welche die Kolonien, wie es die Unabhängigkeits-Urkunde von 1776 besagt, „zu freien und unabhängigen Staaten" machte, und der Geist der Freiheit, der damals unter seiner Bevölkerung herrschte, bewies sich wiederholt in der Epoche der Sclaven-Befreiung — achtzig

*) Connecticut	4,674	engl.	□ Meilen	537,000	Einwohner.
Maine	31,766	„	„	630,000	„
Massachusetts	7,800	„	„	1,460,000	„
Neu-Hampshire	9,280	„	„	320,000	„
Rhode Island	1,306	„	„	217,000	„
Vermont	10,212	„	„	330,000	„

Jahre nachher. In den letzten Decennien verloren die Neu-England-Staaten durch die Rivalität ihrer südlichen Nachbarn viel von ihrer ehemaligen Bedeutung. Der Völkerstrom, der sich vor und nach dem Kriege nach der Neuen Welt ergoß, ließ Neu-England abseits vom Wege. Während er im fernen Westen neue Staaten schuf, die atlantischen Städte zu Weltstädten machte, das alte Amerikanerthum so zu sagen erdrückte, blieb dasselbe in Neu-England ziemlich unverfälscht, es erhielten sich damit auch veraltete, verschrobene Gebräuche und Sitten bis auf den heutigen Tag, ja es dürfte in der Union kaum einen Theil geben, welcher in Bezug auf das sittliche und religiöse Leben so viele Abnormitäten und Ausschweifungen aufzuweisen hätte, wie gerade Neu-England. Nur eine ausgiebige Einwanderung fremder Elemente wäre im Stande gewesen, diese bedauerlichen Verirrungen der sonst so arbeitsamen, denkenden, thätigen Bevölkerung auszumerzen und ihr den Stempel jenes freien, offenen liberalen Amerikanerthums aufzudrücken, das die Mittel- und Weststaaten so sehr kennzeichnet. Aber diese Einwanderung blieb aus, und so finden wir die unsinnigsten Temperenz-, Sonntagssperr- und Kirchen-Gesetze, Frauenrechtlerei, Spiritismus, religiöses Sektenthum und unglaubliche gesellschaftliche Absonderlichkeiten heute noch gerade in diesem Neu-England — das gleichzeitig auch den geistig am bedeutendst entwickelten Theil Amerikas bildet, — das die besten, zahlreichsten und berühmtesten Schulen der neuen Welt, die liberalste Presse, die größten Gelehrten und den ausgedehntesten Buchhandel besitzt. —

Natürlich koncentrirt sich dieser Charakter der neu-englischen oder sogenannten Yankee-Bevölkerung in deren Hauptstadt Boston. Neben all' dem vorerwähnten gesellschaftlichen und religiösen Siechthum finden wir hier die ersten Universitäten und Hochschulen des Landes. Die ersten Gelehrten und Literaten Amerikas wie

Obschon die Neu-England-Staaten zusammen genommen kaum die Größe irgend eines einzigen der Staaten oder Territorien westlich des Missisippi erreichen, halten sie in Bezug auf die Industrie, den Handel und die Schifffahrt — diesem ungeheuren Ländergebiete doch das Gleichgewicht. Von Neu-England aus werden die Prairiestaaten und Territorien mit Kleidung, Beschuhung, mit Werkzeugen und Waffen, mit Maschinen und Ackerbau-Geräthschaften versehen. Wohl tritt in neuerer Zeit der Staat Missouri mit seiner Hauptstadt St. Louis industriell immer mehr in den Vordergrund, er rivalisirt mit Neu-England in der Lieferung von Manufaktur-Artikeln an die neu besiedelten Länder, aber dies gilt nur von großen Artikeln, die des billigeren Transportes wegen aus dem nahen St. Louis bezogen werden. Die kleineren Artikel der Massenfabrikation, Nadeln, Schrauben, Uhren, kleine Maschinen, Baumwoll-Waaren und Schuhe sind noch immer das Monopol Neu-Englands, oder vielmehr der drei südlich gelegenen Staaten Rhode-Island, Massachussets und Connecticut. Die drei nördlichen Neu-England-Staaten Maine, Vermont und Neu-Hampshire sind viel eher Ackerbau- als Industriestaaten zu nennen. Sie sind bei weitem nicht so besiedelt, von ungeheuren Eichen- und Fichten-Waldungen bedeckt, vielfach von Bergketten durchzogen, die dem Staate Neu-Hampshire zu dem Namen „Die Amerikanische Schweiz" verhalfen, obschon dieser Name von Colorado mit viel größerer Berechtigung ge-

Longfellow, Holmes, Hawthorne und Emerson, die Geschichtschreiber Prescott und Bancroft u. a. leben in der Umgebung von Boston. Die größten Verlagshandlungen, die gediegensten Zeitschriften und Tagesblätter, Museen, Bibliotheken, Kunst- und naturhistorischen Sammlungen, die großartigsten Hospitäler und Wohlthätigkeits-Anstalten haben in Boston ihren Sitz. Boston bildet außerdem das Zentrum aller wichtigen Minen-, Eisenbahn- und der sonstigen kommerziellen und industriellen Unternehmungen des großen Westens. Die Mehrzahl der Eisenbahnen jenseits des Missisippi, die Minen, die größten Städtebauten sind im Besitz Bostoner Kapitalisten, und wenn sich der Westen so schnell entwickelte, wenn Großstädte wie Pilze aus dem Boden schossen, wenn sich überall große Verkaufsläden und Waaren-Magazine eröffneten, wenn das in Asche gelegte Chicago innerhalb einiger Jahre wieder größer und schöner erbaut wurde, als es jemals war, so ist das größtentheils Bostoner Unternehmern und Bostoner Kapital zuzuschreiben. Boston ist auch als die Hauptstadt Neu-Englands der eigentliche Sitz jenes amerikanischen Typus, den die West- und Mittelstaatler wie die Europäer, mit dem Namen „Yankee" belegen, und den man aus unzähligen Illustrationen „Onkel Sams" als eine hagere, hoch aufgeschossene Gestalt mit energischen, tief eingegrabenen Gesichtszügen kennt. Man wird selbst in New-York und Philadelphia den neu-englischen Yankee unter vielen Amerikanern leicht heraus finden: der für Männer sehr zarte, bleiche Teint, der eigenthümliche Schnurr- und Knebelbart, die mageren Hände, ja selbst die charakteristische dunkle Kleidung mit hohem Hut sind untrügliche Zeichen des „Yankee" wie man ihn im Westen, oder «Carpet-Bagger», wie man ihn im Süden häufig bezeichnet.

Der von der See kommende Besucher Bostons wird von der außerordentlichen Unregelmäßigkeit und Zerrissenheit des Stadtplanes nichts gewahr. Die Stadt bietet tragen wird. Agrikultur und Viehzucht bilden den Haupterwerb der Bevölkerung, und die Neu-England-„Farms" sind in Amerika berühmt wegen ihres musterhaften Betriebes. Wie die drei südlichen Neu-England-Staaten die Union mit Industrie-Produkten versehen, so senden die drei nördlicheren Staaten ihrerseits wieder die besten Farmer nach den Weststaaten aus, deren man in Illinois und Ohio sehr viele in den glänzendsten Verhältnissen antrifft. Sie sind, wie alle Yankees, thätig und erfinderisch, vorsichtig und schlau. Ihre puritanische Abstammung verleugnet sich noch heute nicht, in ihrer Kleidung und ihrem Benehmen, in ihrer einfachen Lebensweise.

Die drei nördlichen Yankee-Staaten sind auch reich an Granit, Marmor und Holz, sie versehen Boston und New-York mit Baumaterial, die großen Schiffbau-Etablissements am Delaware-Fluß mit Masten und Planken. Das, wie der ungeheure Export Neu-Englands und sein starker Verkehr mit Westindien entwickelte die Seeschifffahrt sehr bedeutend. Massachussets allein besitzt z. B. ein Viertheil sämmtlicher Schiffe der Union. Das Klima ist hier im Winter sehr rauh, derart, daß häufig das Meer an den Küsten weit hinaus zugefroren ist. Dagegen sind die Sommer sehr heiß, wie sich denn diese Temperatur-Extreme in den ganzen Vereinigten Staaten, bis zu den Felsengebirgen im Westen und dem Tennessee-Strom im Süden so auffallend äußern. —

den Anblick eines sehr sanft ansteigenden Kegels, dessen Fuß die weite Bai, und dessen Spitze die vergoldete Kuppel des „State-Houses" (Regierungsgebäudes) von Massachussets bildet. Die Contouren sind nur hier und da von einem über das Häusermeer etwas hervorragenden Gebäude oder Kirchthurm unterbrochen. Desto unregelmäßiger ist das Innere der Stadt. Man würde kaum glauben, daß dieser anscheinend mit mathematischer Genauigkeit abgezirkelte Kegel ein wahres Labyrinth von Meerbusen, Sümpfen, Kanälen, Halbinseln, Hügeln und ? umschließt, in welchem man sich vielleicht noch schlechter zurecht findet, als in London. Ja selbst in den auf den einzelnen Inseln und Halbinseln gebauten Stadttheilen ist die Orientirung infolge der Unregelmäßigkeit, der winkeligen und krummen Straßen nur nach längerem Aufenthalte möglich. Erst das in der letzten Zeit entstandene West-Boston, die Residenz des wohlhabenderen Theiles der Stadtbewohner, zeigt Eleganz und Regelmäßigkeit.

Der Hafen der Stadt bietet einen prächtigen Anblick dar. Die Küste der großen Bai verliert sich allmählich in kleinen Dörfern und Vorstädten und endlich in dem Häusergewirr der Stadt selbst. Die Inseln sind mit hübschen Gebäuden und Gärten, mit stattlichen Forts und Leuchtthürmen, mit ausgedehnten Wohlthätigkeitsanstalten bedeckt. Das Grün der Bäume lugt überall hervor. Dahinter das Häusermeer der Weltstadt mit seinen Kuppeln und Thürmen. Zur Rechten erhebt sich der hohe Obelisk des Bunker-Hill-Monuments, das an die Entsch tgsschlacht von 1775 erinnert. Am Fuß des Bildes, zu beiden Seiten, sind die W und Docks, deren Boston sechzig besitzt, und in denen Hunderte von großen Seeschiffen, von transatlantischen Dampfern und Ostindienfahrern verankert liegen. Das rege Leben in dem großen Hafen zeigt uns, daß wir uns in einer der größten Seestädte Amerikas befinden. Der Verkehr beläuft sich jährlich auf 6000 Schiffe mit anderthalb Millionen Tonnen. Hier, in der Umgebung des Hafens, zeigt Boston seinen gewaltigen Handel, seine Industrie, sein großartiges geschäftliches Leben. Je weiter wir uns jedoch vom Hafen entfernen, desto mehr kommen ruhigeres Leben und Wohlstand zum Vorschein. Ganz anders endlich ist das Bild, das wir von dem höchsten Gipfel in der Umgebung der Stadt, von den Blue-Hills, genießen. Von hier erst werden wir gewahr, daß die Stadt sich auf drei conzentrisch gegen einander gelagerten, tief in die Bai eingreifenden Halbinseln befindet, an welche sich noch eine große, ganz mit Häusern bedeckte Insel anreiht. Lange hölzerne Brücken verbinden diese Halbinseln und die Insel mit den auf dem Festland gelegenen Vorstädten, mit Chelsea, Cambridge, Roxbury, Brooklyne, Dorchester und Somerville. Land und Wasser schieben sich hier in einander und machen sich gegenseitig den Boden streitig. Man kann keine Meile gehen, ohne nicht auf Wasser zu stoßen, keine Meile im Boot zurücklegen ohne nicht an irgend einer Insel oder Halbinsel anzufahren. In früheren Zeiten war dieses Bild noch viel abwechslungsreicher. In den letzten Dezennien jedoch wurden die Sümpfe und einzelne nur zur Fluthzeit mit Wasser bedeckte Meerbusen trocken gelegt, dann theils verbaut, theils zur Anlage von Parks verwendet, deren Boston zwei besitzt. Die „Common"- und die „Public-Gardens". Der erstere dehnt sich am Fuße des vom Staatsgebäude gekrönten Hügels, zwischen dem ältesten und dem jüngsten, dem häßlichsten und dem schönsten Theil von Boston aus, er bildet den eigentlichen Mittelpunkt der Stadt. Der Park ist mit der Geschichte derselben innig verknüpft, noch heute sehen wir eine alte Ulme darin, die älter ist, als das älteste Gebäude Bostons. — Ein eisernes Gitter umgiebt diese ehrwürdige und trotz ihres Alters frisch grünende Reliquie, aus der Zeit der puritanischen Gründer. „Trimountain's", wie Boston infolge seiner drei Hügel damals hieß*). Sie war Zeuge, als die Bewohner der Ansiedlung Charlestowns das Land, auf welchem Boston gegenwärtig steht, von dessen Eigenthümer, W. Blackstone, um 50 Pfund Str. (!) ankauften und besiedelten. Sie war Zeuge der Hinrichtung von Hexen, der Brandmarkung unsittlicher Frauen, der Kämpfe mit den Indianern und später mit den Engländern. In ihrem Schatten vielleicht wurde die berühmte «Boston tea party» geplant, als das schon vom Geiste der Unabhängigkeit erfüllte Volk den von England importirten Thee 1774 ins Meer warf. Zwei Jahre später wurde die Unabhängigkeit der Vereinigten Staaten erklärt! —

Damals beschränkte sich die Stadt auf eine einzige der drei Halbinseln. Seit jener Zeit hat sie jedoch die Meeresarme übersprungen und sich auf all' den Hügeln, Inseln und Landzungen ausgebreitet. Diese Unregelmäßigkeit sowohl, wie die altenglische Bauart der Häuser, die zumeist Rohziegelbauten sind, hat Boston nur wenig mit den andern so regelmäßig gebauten Großstädten Amerikas gemein, es ähnelt vielmehr einer englischen Provinzialstadt wie etwa Bristol. Allerdings tritt dieser Charakter mit jedem Neubau immer mehr in den Hintergrund, und die Stadttheile, welche auf der Stelle der zwei großen Bostoner Brände von 1872 und 1873 aus der Asche entstanden, tragen ganz den Stempel des Chicagoer „neu-amerikanischen" Städtewesens, mit seinen kolossalen Straßenfronten, seinen blendenden Eisen- und Glaspalästen, seinen marktschreierischen Firmentafeln und monströsen Annoncen an sich. Dennoch macht Boston mit seinen vielen Monumenten, offenen Squares und Plätzen, breiten gut gepflasterten Straßen und der abwechslungsreichen Architektur seiner in den vornehmeren Stadttheilen gelegenen Bauten auf den Fremden einen viel vornehmeren Eindruck, als irgend eine Stadt Amerikas, mit Ausnahme New-Yorks. Dazu wird der Aufenthalt in Boston durch die zahlreichen wissenschaftlichen Institute,

---

*) Von „Trimountain" = Drei Berge, stammt auch der in ganz Amerika verbreitete Name Tremont, den in Boston eines der ersten Hôtels, das Tremont-House, und eine ansehnliche Geschäftsstraße führt.

Theater, Museen und Bibliotheken, Clubs und geselligen Vereine viel angenehmer und abwechslungsreicher, als in dem schnellebigen Chicago oder dem langweiligen, quäkerhaften Philadelphia. Wohl ist Boston der Sitz vieler Spiritisten, Quäker und „Shaker" und aller möglichen religiösen und gesellschaftlichen Abnormitäten, der Sitz einer unverkennbaren Scheinheiligkeit, des Temperenzwesens, der Frauenrechtlerei und des socialen Einflusses der Pfaffen, die hier nicht weniger als 160 Kirchen besitzen. Gar vieles Absonderliche könnte von dem Leben und Treiben gewisser Gesellschafts-

Hartfort: Das Regierungs-Gebäude von Connecticut.

klassen in Boston erzählt werden, allein man kann in Boston leben, ohne mit diesen ungesunden Verhältnissen in Berührung zu kommen.

Boston besitzt nicht weniger als 400 Volksschulen, in welchen zumeist weibliche Lehrkräfte unterrichten, auch ihren Pflichten in sehr befriedigender Weise nachkommen. Das Unterrichtswesen liegt in Neu-England und selbst im Staate New-York hauptsächlich in den Händen der Frauen, die sich mit viel geringeren Einkünften zufrieden geben, als die Männer, und doch ihren Dienst ebenso gut wie die letzteren versehen. — Unter den Bibliotheken der Stadt besitzt die jedermann frei zugängliche «Public Library» über 200,000 Bände und 100,000 Broschüren, das Athenäum 100,000 Bände. — Zu den höheren Bildungs-Anstalten Bostons zählen das technologische

Boylston-Institut; das seit 13 Jahren bestehende und von den Jesuiten gegründete Boston-College; eine im Entstehen begriffene, von dem Bürger Isaac Rich mit zwei Millionen Dollars dotirte Universität, und vor allem anderen die in Cambridge befind-

Boston: Ansicht der Stadt von Tremont-Street aus.

liche berühmte Harvard-Universität, die älteste Amerikas. Auch das schwächere Geschlecht besitzt, wie in jeder größeren Stadt der Union, auch hier seine «Girl's High School» (Mädchen-Hochschule), welche letztere sich vor denen anderer Städte dadurch auszeichnet, daß der Unterricht an Alle, reich und arm, hoch und niedrig, kostenfrei ertheilt wird, ja daß selbst der Unterschied der Farbe, der in den südlicheren Städten so strenge gewahrt wird, hier unberücksichtigt bleibt. Neu-England hat die Gleichstellung der schwarzen und weißen Race bisher am weitesten durchgeführt. Die jungen Mädchen erhalten in diesen Hochschulen von weiblichen Professoren Unterricht in denselben Lehrgegenständen, welche in den Schulen für das andere Geschlecht gelehrt werden, Chemie, Physik und selbst die klassischen Sprachen nicht ausgeschlossen. Die modernen Sprachen, z. B. das in Amerika so nöthige Deutsch oder Französisch, werden jedoch merkwürdigerweise sehr vernachlässigt.

Boston: Der Quincy-Markt.

Die Tagespresse Bostons zeichnet sich weniger durch die Größe und Auflage der einzelnen Zeitungen, als durch deren verhältnißmäßig größere Gediegenheit des Inhaltes aus. Nur der „Boston-Herald" kann sich mit den großen New-Yorker Blättern, dem New-York Herald, der New-Yorker Staatszeitung und anderen in Bezug auf die Verbreitung messen.*) Dagegen sind die Wochen- und Monatsschriften, welche in Boston erscheinen, die gediegensten Amerikas.

*) Die Zahl sämmtlicher Journale in den Vereinigten Staaten beläuft sich auf 7000, von denen 6235 wöchentliche oder monatliche sind. Die Zahl der letzteren beträgt 747, jene der halbmonatlichen 105 und die der Vierteljahrsschriften 67.

Unter den einzelnen Staaten der Union erscheinen in New-York die meisten Zeitungen. Es

Boston vereinigt in der That hinreichend wissenschaftliche und Kunst-Institute, um es unter allen Städten Amerikas am meisten zu dem Namen des amerikanischen „Athen" zu berechtigen, welcher der Stadt gerne beigelegt wird. Nur in einer Beziehung steht es hinter den anderen Großstädten zurück: in Bezug auf das Theater und die Oper. Boston kann sich keines einzigen Theaters rühmen, das wie das „Fifth Avenue"- und Booths Theater in New-York, oder das Chestnutstreet-Theater in Philadelphia den europäischen Schauspielhäusern und Truppen mittlerer Klasse gleichgestellt werden könnte. Ebensowenig besitzt es eine ständige Oper; es ist

Boston: Longfellow's Heim.

zu verwundern, daß die Hauptstadt Neu-Englands, die ihre Musikliebe mehr als giebt deren nämlich 1818, von denen der Stadt New-York allein 100 zufallen. Hierauf folgt Pennsylvanien mit 738 (hiervon Philadelphia mit 160), dann Ohio, Jowa, Missouri und Indiana. Dann erst folgt der Gelehrten-Staat Massachussets mit 550 Zeitungen.

Es ist bemerkenswerth, wie auch der Westen in Bezug auf das Zeitungswesen während der letzten Jahre aufgeblüht ist. Selbst in Californien ist die Zahl der Zeitungen derart gestiegen, daß der Staat bezüglich der täglich erscheinenden Blätter den vierten Rang einnimmt. Innerhalb der letzten fünf Jahre wurden in den Vereinigten Staaten nicht weniger als sechs neue Journale pro Tag gegründet; aber ebenso schnell wie die neuen entstehen, verschwinden auch die alten, so daß der eigentliche Zuwachs nicht so bedeutend ist, als es den Anschein hat.

andere Städte durch zahlreiche Musik- und Gesang-Vereine manifestirt, nicht im Stande ist, eine Operntruppe zu unterhalten. Die Amerikaner zeigen im allgemeinen Vorliebe und gleichzeitig auch großes Talent für Musik, sie besitzen ausgezeichnete Sänger und Sängerinnen, verfertigen vorzügliche Musik-Instrumente, haben große und schöne Opernhäuser, und dennoch finden wir in keiner Stadt, New-York nicht ausgeschlossen, eine Oper. Die von Europa kommenden Operntruppen ziehen von Stadt zu Stadt, um sich in jeder zwei bis drei Wochen lang aufzuhalten, aber selbst die beste ist nicht im Stande, auf die Dauer hinreichende Einnahmen zu erzielen. —

Die Einwohnerzahl Bostons beträgt gegenwärtig, nachdem die großen Ortschaften in der Umgebung der Stadt mit in ihren Verband aufgenommen wurden, über 350,000 Seelen. Dadurch hat sich auch der kosmopolitische Charakter der Puritanerstadt etwas gehoben. Ein Fünftel dieser Bevölkerung sind Irländer. Unter der nichtenglischen Bevölkerung finden wir nur etwa 10,000 Deutsche, die jedoch ihre eigenen Journale, Vereine und sogar ihr eigenes Theater besitzen.

* * *

Unter den anderen neu-englischen Städten steht Boston zunächst, an Größe, Reichthum und industrieller Bedeutung, Providence, die Hauptstadt des kleinen Staates Rhode-Island. Der Ruf dieser Stadt als die verhältnißmäßig erste Industrie- und Fabrikstadt der Neuen Welt ist bekannt. Alles Denkbare wird hier erzeugt: Baumwollwaaren und Stoffe, Maschinen und Eisengußwaaren aller Arten, Kanonen, Revolver, Gewehre, Werkzeuge, Lokomotiven, Näh- und Dampfmaschinen; Goldwaaren von der feinsten bis zur schlechtesten Sorte; Schildkrot- und Silberwaaren, Bisquits, Präserven. Die Stadt mit ihren hunderttausend Einwohnern lebt nur von der Industrie und ist durch sie zu sprüchwörtlichem Reichthum gekommen. Alles ist hier Fabrik, alles Maschinen-Werkstätte; wer die amerikanische Arbeit kennen lernen will, der muß Providence besuchen. Die Handarbeit hat hier keinen fruchtbaren Boden. Von der Dampfmaschine und der Lokomotive bis zur kleinsten Schraube wird alles durch die ingeniösesten Maschinen erzeugt. Eine Anzahl von Ingenieuren ist ausschließlich mit der Construktion neuer Maschinen beschäftigt, die mit staunenswerther Präzision funktionirend, der Hand des Arbeiters immer mehr das Werkzeug entringen. Die Mehrzahl aller jener Verrichtungen, welche in Europa noch immer Millionen von Arbeitern erfordern, werden hier durch die Maschine besorgt. Bei jeder Ausstellung überraschen uns die neu-englischen Ingenieure durch die Produkte ihres bekannten großen Erfindungstalentes: Fairbank, Corliss, Brown und Sharp, Pickering, Sellers, Gatling, Colt, Remington — Männer, die der ganzen Welt

Die Zitterer (Shaker) in Neu-England: Trachten.

Die Zitterer (Shaker) in Neu-England: Religiöse Uebung.

bekannt sind, haben hier in Neu-England ihre Werkstätten, so manche Armee wurde von Providence mit Waffen, so manche europäische Eisenbahn mit Lokomotiven versehen. Es giebt in Amerika, vielleicht sogar in Europa keine größere Stadt, in welcher nicht wenigstens ein Artikel aus Providence — und sei es auch nur eine Schraube — zu finden wäre. Tausende von Schiffen fahren alljährlich vollbeladen mit Werkzeugen, Waffen, Munition, Schmuckwaaren und hauptsächlich mit Schrauben nach allen Ländern der Erde aus und machen den Hafen der Stadt zu einem der bedeutendsten Amerikas.

Die Stadt selbst ist so winkelig und hügelig, daß man kaum von irgend einem Punkte aus, eine rechte Vorstellung von ihrer Ausdehnung und Anlage erhalten kann. Die Kirchthurmspitzen einer Straße stehen mit den Hausthüren einer anderen Straße oft in gleicher Höhe. Die Durchfahrten sind steil und manchmal durch Treppen-Absätze unterbrochen. Die Stadttheile sind durch bedeutende, mit Häusern besetzte Hügel von einander getrennt. Das amerikanische Sheffield ist vielleicht die einzige Stadt der neuen Welt, die noch zum größten Theil aus Holzhäusern besteht und — noch nicht abgebrannt ist. Chicago und Boston und eine Menge anderer Städte mußten zu wiederholten Malen aus ihrer Asche auferstehen. Providence jedoch steht in seiner alten ursprünglichen Holzarchitektur da, und nur die Privat-Residenzen der Reichen wurden in neuerer Zeit aus Stein erbaut, der sich gerade in Neu-England massenhaft vorfindet.

* * *

Außer Providence besitzt das kleine Rhode-Island noch eine andere berühmte Stadt, deren Charakter von jenem der Hauptstadt allerdings sehr verschieden ist. Es ist Newport, das erste und vornehmste Seebad Amerikas, auf der kleinen Insel Aquidnee gelegen. Nirgends vielleicht hält das Meer so viele Millionen umschlungen, als in Newport zur Zeit der Bade-Saison. Es ist der Rendezvous-Platz der Millionäre Amerikas, das Sansfouci aller jener, welche die Vorsehung mit Glücksgütern überreich gesegnet hat. Aber dabei ist es, geradeso wie Boston, gleichzeitig auch einer der wenigen Orte Amerikas, in welchem Geist und Adel die gleichen gesellschaftlichen Vorrechte besitzen, wie Gold.

Es ist eben diese Vermischung von Geist, Geburt und Gold, welche Newport den Stempel der Hegemonie unter den atlantischen Seebädern Amerikas aufdrückt.

Man findet hier weder die großartigen Hôtelbauten amerikanischer Bäder, noch die prächtigen, dem Meere zugewendeten Straßenfronten. Der schönste Theil der Stadt liegt ganz außer Sicht, ja selbst außer Gehörweite des Meeres. Aber an Stelle dieser Strand-Avennen und Pracht-Hôtels besitzt Newport eine Legion von Privatresidenzen, die mit der größten Eleganz ausgestattet und von schönen schattigen

Gärten umgeben sind. Wenige dieser Villen dürften unter hunderttausend Dollar Kosten erbaut worden sein; bei vielen belaufen sich die Baukosten auf eine Viertel-Million. Kaum die Hälfte der Villen wird während der zwei Monate dauernden Saison von ihren Besitzern bewohnt; denn ein großer Theil dieser Millionäre von Hartford, Boston und Providence befindet sich den Sommer über auf Reisen oder in irgend einem europäischen Bade. Dafür werden sie um 5 bis 10,000 Dollars, die Saison über, an andere vermiethet, auch von den amerikanischen Reichen mit desto größerer Vorliebe aufgesucht, als sich Newport sozusagen im Mittelpunkte einer an Naturschönheiten sehr reichen Seeküste befindet. Im Westen liegen die von New-York und Boston im Sommer stark besuchten Inseln „Martha's Vineyard", und „Nantucket", im Osten die große Insel „Long Island", die man als den Garten des Staates New-York bezeichnen könnte. Zahllose große und kleine See-Bäder, „Coney Island", „Rockaway", „Sag Harbor" ꝛc. liegen auf ihr, sie bilden, neben einer Menge von kleinen lieblichen Inland-Dörfern und Land-Badeorten, den Lieblingsaufenthalt der Bewohner New-Yorks und Brooklyns, das ja selbst auf Long-Island gelegen ist. Zwischen Long-Island und der Küste des Continents befindet sich der belebteste Meerestheil nicht nur Amerikas, sondern vielleicht sogar der Erde; der Long-Island-Sund. Zahllose Yachten und Vergnügungsboote bedecken hier im Sommer die Wasserfläche; zahllose Dampfer und Segelschiffe, von Europa und Canada oder von den neu-englischen Häfen kommend, wählen diesen Weg, um durch das seit 1876 ungefährliche „Hellgate" nach New-York zu fahren. Zu gewissen Tageszeiten sieht man hier die Riesendampfer der mit einander konkurrirenden „Fall River"- und „Stonington"-Linien zwischen den kleineren Booten hindurch nach ihren Bestimmungsorten dampfen. Der größte Theil des Passagier-Verkehrs zwischen New-York einerseits, Boston und Providence andrerseits wird durch diese beiden Dampferlinien besorgt, deren Rivalität natürlich den Passagieren zu statten kommt, denn der Fahrpreis zwischen den genannten Städten ist bereits auf einen Dollar herabgesunken.

Die Neu-England-Staaten sind überhaupt mit Eisenbahnen und Dampferlinien reicher gesegnet, als irgend ein Theil Nord-Amerikas. Insbesondere gilt dies von Connecticut und Massachusetts, den beiden industriellsten Staaten der Union. Selbst bis in das Gebiet der White-Mountains (der weißen Berge) von Hampshire sind die Eisenbahnen vorgedrungen. Die Lokomotiven donnern bis an die Spitze ihres höchsten Riesen, des über 6000 Fuß hohen Mount Washington, der etwa der Rigi dieser neu-englischen Schweiz genannt werden kann.

2. Ober-Canada und der St. Lorenz-Strom*).

Das ungeheure Wasserbecken der fünf canadischen Seen bildet bis weit in das Herz des nord-amerikanischen Continents hinein die Grenze zwischen den beiden Staaten, welchen das Territorium des letzteren angehört. Der Reisende betritt das nördliche dieser zwei Ländergebiete, Canada, zum ersten Male gewöhnlich auf der großen Kettenbrücke, welche sich unterhalb der Niagara-Fälle über den tief darunter hinwegeilenden, tosenden Strom spannt. Aber dieser Besuch ist in der Regel nicht Canada, sondern dem herrlichen Naturwunder gewidmet, das bereits in einem früheren Bande geschildert wurde. Wir betreten Canada zuerst in Toronto, der in Norduser des Ontario-Sees gelegenen Hauptstadt von Ober-Canada.

Zwei kleine unbedeutende Festungen vertheidigen die Mündung des Niagara-Stromes in den Ontario-See. Das Fort Niagara auf dem amerikanischen und Massasanga auf dem canadischen Ufer, während die beiden Städte, die an diesen wichtigen Punkten entstanden, die Namen Lewiston und Niagara führen. In der ersteren, auf amerikanischem Boden befindlichen Stadt, nimmt uns ein Dampfboot zur Ueberfahrt nach dem nur wenige Stunden entfernten Toronto auf.

Toronto ist nach Montreal die größte Stadt Canadas. Ihr Name ist der Sprache des Irokesen-Stammes entlehnt und bedeutet so viel als „Versammlungsplatz". Die Stadt bietet dem Touristen nur wenig Interessantes. Ihre Straßen sind nach amerikanischer Manier in Schachbrett-Form angelegt, die einfachen Häuser, die sie besetzen, zeigen in ihrem Baustyl eine derartige Einförmigkeit, daß man eine Straße von der anderen kaum unterscheiden kann. Der ungeheure Holzreichthum Canadas zeigt sich schon in dessen Städten. Die Straßen sind mit Holzplanken bekleidet, die Hauptdurchfahrten mit hölzernen Würfeln gepflastert, deren Zwischenräume mit Kies und Sand ausgefüllt sind. An hervorragenden Gebäuden oder Monumenten hat Toronto nur seine schöne, in der Mitte eines uralten Parks gelegene Universität aufzuweisen, die 1827 von Wilhelm IV. von England gegründet wurde. Der Universitäts-Palast ist in dem in neuerer Zeit in Amerika häufig bei öffentlichen Bauten angewendeten normännischen Styl erbaut und ist eines der schönsten Gebäude Canadas.

Die aus der englischen und französischen Geschichte entnommenen Straßennamen sagen uns schon, daß wir uns nicht mehr auf amerikanischem Boden befinden. Toronto war lange Zeit hindurch die Hauptstadt Canadas, ist jedoch heute nur der Regierungssitz der Provinz Ontario, die das ganze Gebiet nördlich des St. Lorenz-Stroms und der Seenkette, vom Ontario-See bis zum Superior-See umfaßt.

*) Von Henry de Lamothe in Paris.

Der große Neben-Fluß des St. Lorenz, der Ottawa-Fluß, bildet die Grenze gegen die nördlich gelegene Provinz Quebec. Toronto ist gleichzeitig auch einer der wichtigsten Häfen der canadischen Seen. Hier schiffen wir uns auf einem der großen Dampfer der „Richelieu"-Ontario-Dampfschiff-Gesellschaft, welche das Privilegium der Schifffahrt auf dem St. Lorenz besitzt, ein. Die Dampfer dieser Gesellschaft führen die Worte «Royal Mail» (königliche Post) auf ihren Flaggen, eine Bezeichnung, die uns jetzt — nachdem wir so lange die Staaten einer großen Republik durchwandert, wieder auffallen. Täglich fährt einer dieser «Royal Mail Steamers» von

Der Lorenzostrom: Fluß-Scenerie.

Toronto ab, um am Abend des folgenden Tages in Montreal, der eigentlichen kommerziellen Hauptstadt der Dominion Canada einzutreffen. Unser vorläufiges Ziel ist jedoch Prescott, von wo wir den Regierungssitz Canadas, die Stadt Ottawa besuchen wollen. Der Dampfer folgt auf ein oder zwei Meilen Entfernung der flachen, reizlosen canadischen Küste, und unser Auge wird nur durch die endlose azurblaue Fläche des Sees gefesselt, dem schon die Indianer in dem Worte „Ontario" den Namen „schönes Wasser" gegeben. Unterhalb Kingston, der zweitgrößten Stadt der Provinz Ontario, fahren wir in den St. Lorenz ein, und winden uns während der folgenden Stunden durch die sogenannten „Tausend Inseln" (Thousand Islands) hindurch, die hier die weite Fläche des Stromes bedecken. Diese Inseln sind in den transatlantischen Reisebüchern mit der den Amerikanern eigenthümlichen Begeisterung für ihr Land in so reizenden Farben gemalt, sie werden so sehr als das Schönste alles Schönen geschildert, daß man in der Regel von ihrem ersten Anblick ebenso sehr enttäuscht wird, wie beim Anblick der Niagara-Fälle. Aber während diese letzteren sich dem Beschauer bei längerem Verweilen immer großartiger, immer schöner zeigen, kann man dies von den tausend Eilanden nicht sagen. Allerdings besitzen diese unzähligen, über den ganzen Strom zerstreuten Inseln, von denen einige mehrere Quadratmeilen umfassen, andere wieder kaum zwei Schritte im Durchmesser haben, mit ihrer üppigen Vegetation und ihren Nadelholz-Waldungen großen Reiz; sie sind auch für den Jäger und Fischer ein wahres Sporting-Paradies, der Tourist jedoch kann sich für sie nicht so sehr begeistern. In neuerer Zeit trachteten einige Unternehmer die Thousand Islands (deren Zahl eigentlich 1692 ist) durch großartige Hôtelbauten, Eisenbahnen 2c. zu einem modernen Badeorte empor zu heben, was ihnen auch theilweise gelang. — Leuchtthürme, von beinahe ebenso großer Zahl wie die Inseln selbst, bezeichnen den Schiffen das richtige Fahrwasser durch dieses Labyrinth von Inseln, und erst nachdem wir vierzig englische Meilen zurückgelegt, kommen wir ins offene Fahrwasser des majestätischen Stromes, der sich an manchen Stellen zu förmlichen Seen von 3 bis 4 Meilen Breite erweitert, und kaum irgendwo unter eine Meile breit ist. Am nördlichen dicht bewaldeten Ufer sehen wir zuweilen Eisenbahnzüge an uns vorbei eilen. Es ist die «Great Trunk Railroad», die im Staate Michigan (bei Detroit) beginnend, ganz Ober- und Unter-Canada in nordöstlicher Richtung durchschneidet und bis nach dem 860 Meilen von Detroit entfernten, nahe der Mündung des St. Lorenz gelegenen Rivière du Loup führt. Sie berührt auf diesem Wege gleichzeitig auch die Städte Toronto, Prescott, Montreal und Quebec. —

Nach einer zwanzigstündigen Fahrt über See und Strom erreichen wir endlich Prescott, den Endpunkt der nach Ottawa führenden Eisenbahn. Hier verlassen wir den Dampfer, der sich nach wenigen Minuten wieder inmitten der Strudel und Stromschnellen des St. Lorenz befindet, und, von Piloten gelenkt, nach Montreal weiterfährt. Nach dreistündiger Eisenbahnfahrt auf canadischem Boden, mitten durch die ausgedehntesten jungfräulichen Waldungen haben wir Ottawa, das Washington Canadas erreicht.

Ottawa ist thatsächlich in jeder Hinsicht ein kleines Washington. Es trägt ganz den Charakter der Kapitole der Vereinigten Staaten an sich. Ueber ein ungeheures Terrain ausgebreitet, zeigt es dieselben öden, weiten Straßen, dieselben großen Regierungsbauten, dieselbe Unfertigkeit als Stadtanlage. Jenseits des breiten, klaren Ottawa-Stromes liegen die Vorstädte Hull und Neu-Edinburg, durch eine Kettenbrücke mit der Hauptstadt verbunden. Der Ottawa bildet hier die Grenze zwischen dem englischen und französischen Canada, zwischen der Provinz Ontario und Quebec; während in Ottawa die vorwiegende Sprache die englische ist, wird in Hull nur französisch gesprochen. Es mag gerade deshalb gewesen sein, daß Ottawa zum Sitz der Regierung gewählt wurde, denn die beiden Canada bewohnenden Nationen, die französische und englische, halten mit Zähigkeit an ihrer Sprache, an ihren Sitten und Rechten fest. Früher besaß auch das französische und englische Canada seine eigenen Regierungen und seine eigene Hauptstadt, das erstere Quebec, das letztere Toronto. Unter der Regierung des Lord Sydenham wurden die beiden Provinzen zu der heutigen Dominion Canada vereinigt. Zur ersten Hauptstadt der Dominion wurde das kleine an dem Ausfluß des St. Lorenzo aus dem Ontario-See gelegene Städtchen Kingston gewählt. Man sah jedoch bald ein, daß ein an der Grenze eines halben Kontinents gelegenes Dorf sich nicht zur Hauptstadt derselben eignen könne. Montreal, das New-York von Canada, wurde nun zur politischen Hauptstadt gewählt. Eine Revolution, welcher die Niederbrennung des Parlaments von Seite des englischen Mobs folgte, machte auch diese Stadt zum Regierungssitz ungeeignet, der nun bald nach Quebec, bald nach Toronto verlegt wurde, um dem Nationalstolz der beiden Bevölkerungen Genüge zu leisten. 1858 endlich wurde Ottawa, das an der Grenze der beiden Provinzen, zur Hälfte in der einen, zur Hälfte in der anderen gelegen, von der Königin Victoria zum ständigen Regierungssitz gewählt, und seit jener Zeit befindet sich hier die Residenz des Gouverneurs (die Rideau-Hall in Neu-Edinburg) und das canadische Parlament.

Dennoch ist Ottawa eine ziemlich unbedeutende Stadt von etwa 50,000 Einwohnern geblieben, wo die offizielle Welt, die Beamten und Deputirten, eben nur so lange im Jahre verweilen, als es ihr Dienst erfordert. Die imposantesten Gebäude der Stadt sind die auf dem Barrack Hill, am Ottawa-Fluß gelegenen „Government Buildings", die sich inmitten der Einöde und der unansehnlichen Häuser der Stadt wahrhaft feenhaft ausnehmen, und die man, aus der Ferne betrachtet, in so trauriger Umgebung eher als das Traumbild einer Fata morgana, als einen aus blendend weißem Sandstein massiv erbauten Palast anzusehen geneigt ist. Die Baukosten betrugen 4 Millionen Dollars, woraus man schon auf den Reichthum der Ausstattung schließen kann. Der Palast nimmt drei Seiten eines ungeheuren Vierecks ein, ist im gothischen Styl erbaut und von massiven Thürmen überhöht. Die Südseite wird von dem Parlaments-Gebäude eingenommen. Die beiden anderen Fronten bergen das Patent- und das Postbureau, die Nordseite des Vierecks bildet ein eigenes Gebäude, welches die etwa 40,000 Bände zählende Bibliothek enthält.

Das Parlament hat in Canada dieselbe Gewalt wie in den Vereinigten Staaten, es ist nahezu ebenso souverain, wie dieses. Die Herrschaft Englands über Canada beschränkt sich darauf, daß die Königin einen General-Gouverneur nach der Dominion entsendet, welchem von Seite der letzteren ein Jahresgehalt von 50,000 Dollars ausgesetzt wird, und daß die englische Regierung in Halifax eine Garnison von 2000 Mann unterhält. Canada hat keinerlei Abgaben zu leisten, keine Truppen zu liefern und ist eigentlich eine Föderation von 6 Staaten oder Provinzen *), welche von einem verantwortlichen Ministerium, einem Senat und einer Deputirten-Kammer regiert wird. Die politische Organisation Canadas ist jener der Vereinigten Staaten ganz ähnlich. Den Ministerium obliegen die gemeinschaftlichen Angelegenheiten der 6 Provinzen, die Eisenbahnen, Canäle, Post und Zoll, das Patent- und Forstwesen ꝛc., außerdem besitzt jede Provinz ihren eigenen Gouverneur und ihre eigene Legislatur. Die Ausdehnung dieser Provinzen kann man schon aus dem Umstande entnehmen, daß Canada an Größe beinahe dem ganzen europäischen Continent, oder den Vereinigten Staaten Nord-Amerikas gleichkommt. Dagegen beläuft sich die Gesammtzahl der Bevölkerung auf kaum 5 Millionen, von denen nahezu anderthalb Millionen französischer Sprache und Abkunft sind.

Von dem Thurme des Parlaments-Gebäudes aus kann man den Charakter der canadischen Landschaft am besten kennen lernen. Zu unseren Füßen entrollt sich das weite Thal des wasserreichen, reißenden Ottawa-Flusses, ferner übersehen wir die Thäler des Gatineau-Flusses im Norden, des Rideau-Flusses im Süden. — Der Horizont ist von steilen, mit Tannengehölz bedeckten Bergen begrenzt, zwischen denen wir kleine, krystallene Seen schimmern sehen. Ueberall prägt sich der ernste Charakter der norwegischen Szenerie aus. Das Bett des Ottawa-Flusses ist mit Dampfern und Flößen bedeckt, die auf den stürmenden, schaumgekrönten Stromschnellen abwärts tanzen. Jenseits des Flusses sehen wir das pittoreske Städtchen Hull an den Ufern emporsteigen, dessen Flußrand mit zahlreichen Sägemühlen bedeckt ist. Rings herum sind Holzmassen, Baumstämme, Schwellen, Bretter, Schindeln aufgeschichtet. Die Verarbeitung des in den Waldungen am oberen Ottawa gefällten Holzes bildet den Haupterwerbszweig der Stadt, die jährlich nicht weniger als 50 Millionen Kubikfuß Baumaterial aus ihren Mühlen nach den Vereinigten Staaten und nach Quebec sendet, von wo es nach England und Frankreich verschifft wird.

Am westlichen Ende der Stadt sehen wir das Eisengewebe der Kettenbrücke über den Fluß gespannt, hinter welchem wir   behwolken des großen Wasserfalles emporsteigen sehen, welch   en Niagara bezeichnen könnte. Wie alle Flüsse im Stromg   ren   o wie dieser selbst, so gleicht auch der Ottawa-Fluß in Bez   auf di   Beschaffenheit seines Strombettes und seinem Wasserreichthum dem Niagara-Fluß   Aus den Bergen des canadischen Hoch-Plateaus herabkommend, eilt er in Stromschnellen und über Felsabstürze,

---

*) Quebec, Ontario, Neu-Schottland, Neu-Braunschweig, Manitoba un`   ..mbien.

durch Schluchten und Thäler in rasender Geschwindigkeit dem St. Lorenz zu, dem er die größte Wassermenge zuführt und an seiner Mündung oberhalb Montreal einem enormen See gleicht. Acht Meilen oberhalb Ottawa in einer wilden, an die pittoresken Landschaften Norwegens erinnernden Gegend bildet er die »Deschénes Rapids«. Wenige Meilen darunter schießt er durch das steil abfallende Bett von St. Remoux und gelangt hierauf zu den kleinen Chaudière-Fällen, wo er sich in einer Breite von 300 Fuß über einen Abhang von 14 Fuß Höhe herabstürzt. In Schaum gepeitscht und in ähnlich hochgehende kurze Wellen zerrissen wie der Niagara,

Der Lorenzostrom: Rapids (Stromschnellen).

gelangt er endlich zu den berühmten großen Chaudière-Fällen. Von den weit in das Strombett vorspringenden Felsen bis auf 200 Fuß Breite eingedämmt, schießen seine gewaltigen Wassermassen in weitem Bogen über einen 40 Fuß tiefen Felssturz in einen Kessel herab, aus welchem der Sprühregen in Wolken emporsteigt. Man berechnete die pro Stunde hier herabstürzende Wassermenge auf nicht weniger als 16 Millionen Kubikfuß!

Von der Mitte der Kettenbrücke, welche sich unterhalb der Fälle über den Strom spannt, ist der Anblick wahrhaft großartig. Die Felsvorsprünge und Trümmer, die kleinen dicht bewachsenen Inseln, die ganze Umgebung vereinigen sich zu einem Bilde, das dem des Niagara, wenn auch in kleinerem Maßstabe, vollkommen gleicht.

Diesen Chaudière-Fällen verdankt die Stadt Ottawa ihren Ursprung. Die reißend-schnell den Fällen entgegenfließenden Wassermassen bildeten eine vortreffliche Triebkraft, die Waldungen, die sie umgeben, enthalten das schönste Bauholz. So lag die Industrie der zukünftigen Stadt schon von der Natur gezeichnet da. Man baute Säge-Mühlen, fällte Bäume und verarbeitete sie zu Bauhölzern. Diese Industrie bildet nicht nur in Ottawa, sondern auch in der Mehrzahl der anderen, am canadischen Red-River, am Lievre, Gatineau, Rideau und Nation-Fluß gelegenen Orten die Haupterwerbs-quelle der Ansiedler. Das Holz und die Wasserstraßen zur Beförderung desselben sind ja in Fülle vorhanden. Dort, wo die Stromschnellen zu reißend waren, z. B. längs des Ottawa-Flusses, wurden sogenannte „Shoots" oder „Lumber Slides" an-gelegt, um den Flößen die gefährliche Passage der „Rapids" zu ersparen. Die Flöße werden oberhalb der Stromschnellen der Länge nach in zwei oder drei Theile zer-legt, als dann hinter einander durch die „Slides" geschwemmt, da die letzteren viel zu schmal sind, um die Flöße ihrer ganzen Breite nach aufzunehmen. Am Ende der Slides werden sie dann wieder zusammengebunden und den breiten Strom hinab bis zum nächsten Fall geführt, wo sie abermals in „Cribs" zerlegt und durch die Seiten-kanäle geschwemmt werden. Der Ottawa-Fluß enthält 13 solcher „Slides".

Die politische Hauptstadt der Dominion ist mit ihrer kommerziellen Hauptstadt, Montreal, durch die Wasserstraße des Ottawa verbunden, und für den geringen Verkehr zwischen den beiden Städten ist auch die Dampferlinie, welche den Strom befährt, weitaus hinreichend. Dennoch baut man bereits an einer direkten Eisen-bahnverbindung am nördlichen Ufer des Ottawa-Stromes.

3. Montreal und Quebec.

Der St. Lorenz ist weniger ein Strom als eine Reihe von Seen, durch welche sich die fünf canadischen Süßwasser-Meere in den atlantischen Ocean ergießen. Nur der Amazonenstrom übertrifft ihn in seinem Laufe an Größe. Die Wassermasse, die er stündlich an Montreal und Quebec vorüber dem Ocean zuführt, beträgt bei-läufig sechshundert Millionen Kubik-Fuß! Dabei ist sein Wasser auf dem ganzen Laufe zwischen den Seen und dem Meere klar, durchsichtig, ungetrübt durch Erd-massen, welche die Flüsse des amerikanischen Südens, den Mississippi und Rio Grande in flüssigen Schlamm verwandeln. Zahllose Inseln der verschiedensten Größe, zumeist üppig bewaldet, bedecken das meilenbreite Strombett, dessen flache, gleichfalls bewaldete Ufer man der Entfernung wegen nur in ihren Umrissen erkennen kann. Hier und da wird man ein kleines Dörfchen oder das blanke Zinndach einer Kirche gewahr. An anderen Stellen steigen gewaltige Rauchwolken zum Himmel empor, von den Waldbränden herrührend, die i̇ ⸗er heißen Jahreszeit oft Tausende von Aeckern verzehren. Im Süden sieht man den Horizont von den unbestimmten Contouren hoher Bergketten abgegrenzt. Es sind die Adirondacks im Staate New-York. Im Winter ist das schöne Flußbild mehrere Monate hindurch unter einer dichten weißen Schneedecke verborgen; der Strom selbst ist fest zugefroren und verlassen. Quebec und Montreal sind dann für alle Schifffahrt verloren, denn die Eisdecke erstreckt sich weit ins Meer hinaus bis an die Küste von Neu-Fundland, sie bricht erst spät im Frühjahre, die Schifffahrt durch die ungeheuren Eisberge und zahllosen Eisfelder, die längs der Küste herabtreiben, noch immer sehr gefährlich machend. Desto großartiger ist jedoch das Schauspiel des Eisganges auf dem St. Lorenz. Die Eisdecke berstet unter beständigem Donnern und Rollen, die Trümmer werden von den Fluthen in rasender Eile stromabwärts und hinaus in die Bai geführt oder sie stauen sich an den Inseln zu gewaltigen Bergen auf. Die ganzen Eismassen der canadischen Seen, allerdings durch den Sturz über den Niagara-Fall und durch die Stromschnellen und Klippen zerbröckelt, finden durch den St. Lorenz ihren Weg zum Meere, und die Dampfer, welchen der Strom zwischen dem Ontario-See und Quebec als Straße dient, hüten sich wohl, ihn zu befahren, so lange nicht die ganze Seenkette eisfrei ist.

Für kleine Dampfer und Holz-Flöße, Barken und Segelschiffe ist der St. Lorenz gar nicht befahrbar, nur die größten und stärksten Passagierdampfer können es wagen, ungefährdet die reißenden Stromschnellen und Strudel zu passiren. Deshalb wurde längs des Stromes ein Schleußencanal angelegt, der von Prescott bis nach Montreal führt. Unser Dampfer muß der Reihe nach über die Wellenberge, durch die Wirbel und reißenden Gegenströmungen der „Rapids" tanzen, durch enge Fahrstraßen, zwischen Felsklippen und Inseln hindurch schießen, über kleine Wasserfälle hinabfahren, die bald den Bug bald das Hintertheil des Schiffes in die Fluthen tauchen, oder starke Wellen über Deck senden. Das Schiff, welches, so lange wir im Ontario-See waren, ruhig und kaum bemerkbar über die Spiegelfläche dahinschwamm, ist jetzt in ewiger Unruhe und ewigem Schaukeln, das bei weitem nicht so regelmäßig vor sich geht, wie auf dem Meere. Hier und da wird der Bug ganz aus dem Curs heraus nach rechts oder links gedreht. Bald das Schiff selbst von einer Strömung erfaßt und abseits geführt, bald erhält es erschütternde Stöße. Rings um uns schäumt und donnert der Strom und rast über die Felsklippen hinweg oder spritzt hoch an den Ufern der Inseln empor. So passiren wir der Reihe nach die Galop-, Long Sault-, die Coteau- und Cédre Rapids ꝛc. und nähern uns endlich den größten derselben, den Lachine Rapids. Schon vorher waren wir in einen Arm des St. Lorenz eingefahren, der die Insel Montreal vom Festlande abschneidet. Hier nehmen wir einen Piloten an Bord, der uns mit sicherer Hand durch die Strudel hindurchlenkt, die wir von oberhalb kaum wahrnehmen können. Die Stöße werden stärker, und die Schnelligkeit des Stromes ist so bedeutend, daß die Maschine abgestellt werden muß. Dennoch schießen wir mit einer Geschwindigkeit von zwanzig Meilen pr. Stunde den Strom hinab und gelangen endlich in einen tosenden Wasserkessel, auf dessen Wellen der Riesendampfer wie ein Stückchen Holz herumgeworfen wird. Aber in derselben Minute noch sind wir wieder in ruhigem Wasser, erst jetzt können wir, zurückblickend, die Größe des Wassersturzes

Quebec: Die Cidatelle.

und damit auch die Größe der Gefahr wahrnehmen, welche wir glücklich überstanden haben! —

Wir nähern uns Montreal, der Hauptstadt Canadas. Gerade vor uns sehen wir die berühmte Victoria-Brücke, die längste Brücke der Erde. Mit ihren beiden Zufahrten mißt sie nicht weniger als 9000 Fuß in der Länge. Ihre 25 Bogen ruhen auf massiven, steinernen Pfeilern, die durch die stärksten Eisböcke gegen die alljährlich sich hier aufstauenden Eisberge geschützt sind. Der mittere Bogen hat 330 Fuß S; weite. Die eiserne Röhre, durch welche die Eisenbahngeleise führen, ist 22 Fuß hoch und 16 Fuß weit. Die Herstellungskosten der Brücke betragen 6½ Millionen Dollars! — Unter den gewaltigen Bogen hindurchfahrend, sehen

Montreal: Panorama der Stadt vom Mont Royal aus.

wir Montreal, am Fuße eines hohen, dicht bewaldeten Berges ausgebreitet, vor uns! Vom Strom aus gesehen, ist der Anblick bezaubernd schön! Die Stadt wendet dem Flusse eine fast vier Meilen lange, ununterbrochene Straßenfronte zu, längs welcher sich eine breite Esplanade mit gemauertem Quai hinzieht. Die Häuser sind meistentheils aus hellfarbigen Quadersteinen erbaut, und die blanken Zinndächer und Dome, die zahlreichen Kirchen und hohen Thürme, die sie überhöhen, die herrlichen Villen, die sich im Hintergrunde auf dem Abhang des Mount Royal emporziehen, vereinigen sich zu einem Städtebild, wie wir es in den Vereinigten Staaten vergeblich suchen. In ihrem Innern zeigt die Stadt viel Aehnlichkeit mit Neu-Orleans, sie erinnert in ihrer Bauart und Anlage mehr an die Städte Europas. Auch in Bezug auf die Bevölkerung haben die nördlichste und die südlichste Großstadt des Kontinents viel Gemeinsames. Beide sind die ältesten Städte Nord-Amerikas, die Gründung Montreals fällt sogar in den Anfang des sechzehnten Jahrhunderts, in das Jahr 1535 zurück.

Das französische Element hat auch hier aufgehört, das herrschende zu sein, und obschon Montreal unter seinen 140,000 Einwohnern noch immer mehr als die Hälfte Franzosen zählt, so liegt doch der Handel, das Geld, das Geschäft in den Händen des anglo-sächsischen Elements. Die beiden Bevölkerungen bewohnen eigene Stadttheile, die von einander genau abgegrenzt sind, sie leben friedlich neben einander und kommen nur in den seltensten Fällen mit einander in Berührung. Die englischen Clubs und die englischen Gesellschaften der Stadt werden nur von wenigen Franzosen besucht, es unterliegt keinem Zweifel, daß das französische Element in den Städten, infolge der mangelhaften Erziehung und der größeren Armuth, immer mehr zurückgedrängt und von Anglo-Canadiern ersetzt wird, die neben praktischer Bildung auch größeren Unternehmungsgeist besitzen und über größere Geldmittel verfügen. Dieser Unterschied prägt sich sogar in den beiden Stadttheilen aus. Das untere französische Stadtviertel enthält enge winkelige Gassen, düstere Durchfahrten, und die Häuser erinnern in ihrem Aussehen und ihrer Bauart an die alten Bauten des nördlichen Frankreich, von woher ja die ersten Ansiedler Canadas hauptsächlich auch stammten. Im englischen Stadttheil findet man nur breite Straßen, hübsche offene Squares, große, in modernem Styl gebaute Geschäftspaläste und freundliche Villen. Man darf indessen aus dem Zurückdrängen des französischen Elementes in Montreal nicht auch auf den Niedergang desselben im Lande schließen, denn dort findet das gerade Gegentheil davon statt. Die Franzosen hängen mit einer eigenthümlichen Zähigkeit an ihren Sitten und ihrer Sprache fest, mögen sie auch eine andere Sprache erlernen, die eigene französische Muttersprache verlernen sie nie. Sie tritt nur nicht ebenso zum Vorschein wie die englische. Die Bibliotheken enthalten nur englische Bücher, die bedeutendsten Zeitungen Canadas werden in englischer Sprache gedruckt und diese letztere bildet in Ober-Canada auch in französischen Gegenden die Verkehrssprache. Dagegen ist Unter-Canada mit seiner Hauptstadt Quebec beinahe ganz französisch geblieben, das französische Element ist durch die eigene Vermehrung und nicht wie das englische, durch die Einwanderung in steter Zunahme begriffen.

Zur Zeit, als Canada an England abgetreten wurde (1763), zählte die Kolonie nur 60,000 Ansiedler, die zumeist aus der Bretagne und der Normandie herübergekommen waren. Obschon nun diese Immigration nach dem genannten Jahre nahezu vollständig versiegte, zählt man heute beinahe zwei **Millionen französischer Canadier**, von denen eine halbe Million in den Vereinigten Staaten, hauptsächlich in Neu-England lebt. Der normannische Accent in ihrer Sprache ist heute noch in seiner ganzen Deutlichkeit vorhanden. Sollte diese Vermehrung in demselben Maßstabe auch fernerhin stattfinden, so müßte Canada zu Ende des nächsten Jahrhunderts, selbst ohne das Hinzukommen von Einwanderern, ebenso viel Franzosen zählen, als das heutige Frankreich. Glücklicherweise ist für sie hinreichend Raum vorhanden, und obschon die ungeheuren Länderstrecken, die ihnen östlich und westlich der canadischen Seen zur Verfügung stehen, bei weitem nicht so gutes Acker- und Weideland umfassen, als die Länder südlich der Seen, so sind sie doch kultivirbar.

Montreal ist reich an schönen, monumentalen Gebäuden, die auch einer europäischen Großstadt zur Zierde gereichen könnten. Wie nahezu sämmtliche Städte des amerikanischen Kontinents, so zählt auch Montreal einen Freimaurer-Palast zu seinen schönsten Gebäuden. Das Freimaurerthum hat seinen Weg bis hinauf in die entlegensten Ansiedlungen der Neuen Welt gefunden. Wohl hat es dort andere Principien und andere Formen als in der Alten Welt, aber es ist ebenso mächtig, ebenso verbreitet. Auch Ottawa besitzt eine Freimaurer-Halle, und nur in den rein französischen Gegenden, in der Umgebung von Quebec, hält das katholische Priesterthum die Freimaurer noch zurück. Die Kirche ist in Canada das mächtigste Bollwerk gegen das Umsichgreifen des englischen Elements, aber auch gleichzeitig ein Bollwerk gegen den Liberalismus. Der Kirche gehört die Mehrzahl der Schulen und Universitäten, in welchen die französische Muttersprache und der Geist des alten Mutterlandes kultivirt wird. Sie besitzt große Reichthümer und Liegenschaften (worunter ein Drittheil der ganzen Stadt Quebec) und verwendet sie in der That zum materiellen und sittlichen Wohl der Bevölkerung, aber hält die letztere dafür wieder in einer Art geistigen Bannes, der es der intelligenten, flinkeren, anglo-canadischen Race möglich machte, den weitaus größten Theil des Handels- und Geschäfts-Verkehrs der Dominion an sich zu ziehen. Außerdem kommt als drittes Element noch die Yankee-Race mit ins Spiel, die mit ihren neu-englischen und New-Yorker Industrie-Produkten ganz Canada überschwemmt, Zweiggeschäfte in den Städten errichtet, ihre Agenten und Reisenden durch die canadischen Provinzen sendet und unzweifelhaft mit der Zeit die gesammte

Versorgung dieses ungeheuren Ländergebietes mit Industrie-Producten an sich gerissen haben wird. Dies wird um so leichter stattfinden, als Canada in jeder Beziehung den Vereinigten Staaten um ein Bedeutendes nachsteht. Die Canadier, ob nun englischer oder französischer Abkunft, sind lange nicht so energisch, lange nicht so thätig und unternehmend, wie die Yankees, sie sind hauptsächlich Ackerbauer, während die benachbarten Yankee-Staaten Industrie-Staaten sind, große Städte und große Betriebskapitalien besitzen, welche den Canadiern mangeln. Nördlich des St. Lorenz sind der fieberhafte Gelderwerb, das Jagen nach dem Dollar, die Concurrenz unbekannt. Dort leben die zahlreichen canadischen Familien friedlich, wohl entschieden zufriedener mit ihrem Schicksal, als die Yankees auf ihren ausgedehnten Farmen, und ernähren sich durch Ackerbau, Fischzucht und die Holzindustrie. Für die Yankees haben sie nicht die mindesten Sympathieen, ja selbst die französischen Canadier ziehen bei weitem die englische Herrschaft dem verhaßten Yankeewesen, mit seinen vielfach verdorbenen Sitten und korrupten Staats- und Städtewesen, vor. —

Die Reise von Montreal nach dem 260 englische Meilen entfernten Quebec, den St. Lorenz abwärts, erinnert viel an die Dampfschifffahrten auf dem Hudson, die in einem früheren Bande geschildert wurden. Dieselben großen, vierstöckigen Dampfer, mit ihren weiten Passagiersalons und den auf amerikanischen Flußdampfern einmal ganz unvermeidlichen Musikanten, dieselben Flußscenerien, dieselben kleinen Städtchen und Ansiedlungen an dem Ufer. Nur machen die englischen Städtenamen hier den französischen Platz. Chambly, Montcalm, Richelieu, St. Maurice, Argentenil, Belleville, Montmorency ... man glaubt sich förmlich auf der Seine zu befinden. — Die Cataracte und Stromschnellen, die oberhalb Montreals eine Charakteristik des St. Lorenz bilden, haben hier aufgehört. Die ausgedehnte Fläche des Stromes ist spiegelglatt, und wir fahren ruhig den bewaldeten Ufern entlang. Je mehr wir uns Quebec nähern, desto höher werden auch diese letzteren, und erreichen endlich ihren Culminationspunkt in einem mehrere hundert Fuß hohen, beinahe senkrecht in den Strom abstürzenden Vorgebirge, das von einer Citadelle gekrönt wird. Das Vorgebirge ist Cap Diamant, die Citadelle jene von Quebec.

Die Stadt selbst liegt auf der nördlichen Spitze einer felsigen Landzunge, welche von dem St. Lorenz und dem hier mündenden St. Charles-Fluß gebildet wird, und deren höchster Punkt eben Cap Diamant (nach den hier zahlreich vorkommenden Bergkrystallen so genannt) bildet. Die Citadelle umfaßt einen Flächenraum von über 40 Acker, sie ist die stärkste Festung Amerikas. Der General-Gouverneur von Canada hat hier seine Sommer-Residenz. Ueberall sieht man Batterien, Mörser und alle Feuerschlünde des verschiedensten Kalibers, Magazine, Kasernen, Wälle, Bastionen, Vorwerke, in den Felsen gehauen, Kasematten und bombenfeste Gewölbe machen die Citadelle zu einem zweiten Gibraltar. Von hier aus führt eine alte Festungsmauer bis an die das Flußthal des St. Charles überhängenden Klippen und kehrt dann, am Rande der letzteren fortlaufend, an dem Gouverneurs-Garten vorüber, zur Citadelle zurück. Auch hier, auf diesen von Champlain, dem Gründer Quebec's erbauten Wällen stehen alte Kanonen, das ganze Flußthal beherrschend. Innerhalb dieser Mauern liegt der obere Stadttheil von Quebec, durch die steil abfallende Côte de la Montagne-Straße mit dem am Flusse gelegenen unteren Stadttheil und den Vorstädten verbunden. Quebec erinnert uns noch mehr als Montreal an die alten Städte der französischen Normandie, es ist von dem modernen amerikanischen Städtewesen so unendlich verschieden, daß man sich in der

Montreal: Der Bonsecours-Markt.

Montreal: Great St. James Street.

That in irgend eine Stadt Frankreichs versetzt glaubt. Von den 65,000 Einwohnern Quebecs sind nur wenige Tausend Engländer, und man hört vorwiegend französisch sprechen. Die Straßen sind winkelig, eng und unregelmäßig, geradeso wie in den französischen Hafenstädten zwischen der Loire und Seine; die ein oder zweistöckigen Häuser sind noch vielfach aus Holz erbaut, die Straßen schlecht gepflastert. Der untere Stadttheil ist von den Magazinen und Handlungshäusern eingenommen, denn hier, an den Ufern des St. Lorenz, befinden sich die Werften und Landungsplätze der Flußdampfer und Seeschiffe. Es ist der belebteste und zugleich älteste Theil der Stadt. — Obschon Quebec noch 300 englische Meilen vom Meere entfernt ist, so ist sein Hafen doch groß und tief genug, um die größten Flotten in sich aufzunehmen. Der Strom ist hier über eine Meile breit und ganz von hohen, bewaldeten Bergen eingeschlossen. Erst unterhalb der Stadt erweitert sich der St. Lorenz zu einer schönen Bai, die man mit mehr oder weniger Recht mit der Bai von Neapel verglichen hat. Die obere Stadt ist die vornehmere und enthält die eleganten Kaufläden, die Hôtels und Privathäuser, die Gebäude der Provinzial-Regierung, mehrere Klöster, Kirchen und unter der Leitung der Kirche stehende Lehranstalten, darunter die vortrefflich geleitete Universität mit mehr als 700 Studirenden. Ueberall in der ganzen Stadt zeigen sich dem fremden Besucher Inschriften und Monumente aus der bewegten Geschichte dieser alten Stadt. Unter ihren Mauern fand im vergangenen Jahrhundert so mancher Entscheidungskampf statt. Innerhalb 150 Jahren wurde Quebec fünfmal belagert. Im Garten des General-Gouverneurs erinnert ein Obelisk an den ruhmvollen Tod der feindlichen Generale Wolfe und Montcalm, die beide an der Spitze ihrer Armeen fielen, die nun beide durch ein und dasselbe Denkmal gefeiert werden. — Auf dem historischen Abrahams-Felde begegneten sich 1759 die beiden Armeen, die Schlacht, die hier geliefert wurde, entschied über die Zukunft Canadas. Die Stelle, wo General Wolfe mit Wunden bedeckt den Geist aufgab, wird heute durch eine steinerne Säule bezeichnet. Ein anderes Monument erinnert «Aux braves de 1760».

Quebec ist nicht nur die einzige Stadt Canadas, sondern überhaupt des ganzen nord-amerikanischen Kontinents, deren ursprüngliche Bevölkerung vor der anglo-sächsischen Rasse noch nicht gewichen ist. Die Aufschriften und Firmentafeln, die Mehrzahl der Journale sind in französischer Sprache abgefaßt, die Quebecer haben noch die alten Kostüme und alten Sitten ihrer Väter beibehalten. Mehr noch wie in Montreal wird hier das alte Französisch des vorigen Jahrhunderts gesprochen, wie man es in Frankreich selbst nur noch in der Bretagne, etwa in der Umgebung von Chartres, hören kann. Wohl sind die Quebecer auch der englischen Sprache mächtig, aber sie bedienen sich ihrer nur im Umgange mit den Engländern. Die offiziellen Dokumente und parlamentarischen Verhandlungen werden in beiden Sprachen in Druck gelegt. Darauf, wie auf die Zeitungen beschränkt sich die ganze französische Literatur des Landes. — Die Engländer haben auch hier schon den Handel und das geschäftliche Leben an sich gerissen. Es stehen ihnen bedeutende Geldmittel zu Gebote, viele Banken Englands haben hier Zweighäuser etablirt, alle großen Unternehmungen können stets durch englisches Kapital unterstützt werden. Wer Geld besitzt, ist hier Herr zu Lande, und man muß zugestehen, daß die Engländer nun schon auch in Unter-Canada und Quebec in dieser Hinsicht Herren sind. Die englischen Journale sind die einzigen, welche in den Straßen verkauft werden. Auch in den Vereinigten Staaten werden die französischen und deutschen Blätter mit sehr wenigen Ausnahmen nur an Abonnenten abgegeben, der Straßenverkauf wird nahezu ausschließlich von englischen Journalen beherrscht.

Wenige Städte der alten Welt können sich mit Quebec in Bezug auf seine Lage messen. In seiner unterhalb der Citadelle gelegenen „Durham-Terrasse" besitzt es einen Ausfichtspunkt, der uns hiervon überzeugen muß. Die Terrasse, auf einem hohen, steilen Felsenvorsprung gelegen, nimmt dieselbe Stelle ein, auf welcher einst das Chateau St. Louis, eine von Champlain erbaute, 1834 durch Feuer zerstörte Burg stand. Heute stehen auf der Terrasse zwei alte russische Kanonen, die von den Engländern bei Sebastopol erbeutet wurden, und welche die Königin Quebec zum Geschenk machte. Die Aussicht, welche sich uns von hier aus darbietet, ist in der That unbeschreiblich schön.*) Der majestätische St. Lorenz mit seiner breiten, tiefblauen Wasserfläche und seinen hohen dicht bewaldeten Ufern, hinter welchen das Wellenland und die ersten Vorberge jener gewaltigen Gebirgs-masse emporsteigen, die sich bis in die Polar-Regionen hinauf erstreckt, und deren tiefviolette Contouren sich in weiter Ferne scharf von dem klaren Himmel abheben. Unendliche Länderstrecken breiten sich zu unseren Füßen aus. In nächster Nähe sehen wir die majestätische Bai des St. Lorenz mit der Mündung des romantischen St. Charles-Flusses, in der Mitte der Bai die schöne, mit dem üppigsten Grün bedeckte Orlean-Insel. Große Dampfer und hochmastige Segelschiffe durchfurchen die Wasserfläche, sie kommen und gehen von den Werften, die um die untere Stadt gelagert sind. Uns zur Rechten liegt ein schattiger Park, der „Place d'Armes", und über uns erheben sich die gewaltigen Mauern und Bastionen der Citadelle.

Doch schöner und interessanter als die Stadt selbst sind ihre Umgebungen. Die Ufer des St. Charles-Flusses, die Fälle des Montmorency, der seine Wasser in einer Breite von 50 Fuß über einen Abhang von 250 Fuß Höhe in den St. Lorenz stürzt; die Chaudière-Fälle, die Fälle von St. Anna unterhalb Quebec, die Klippen des Saguenay-Flusses, alles das vereinigt sich zu einem Bilde, das in seiner Wildheit und Großartigkeit nur mit den norwegischen Scenerien verglichen werden kann. Der Charakter der Flüsse und der Berge ist ganz derselbe. Leider wird dieser an landschaftlichen Schönheiten so überreiche Theil Canadas von Touristen nur wenig besucht. —

*
* *

Unweit von Quebec findet man heute noch einzelne, ganz von Indianern oder vielmehr von den Mischlingen zwischen diesen und den Weißen, den sogenannten Métis bewohnte Ansiedlungen. Hier sind es die Nachkömmlinge der einst so tapferen

---

*) Wie enthusiastisch die Amerikaner in der Bewunderung ihres Landes sind, geht aus den Worten eines amerikanischen, sehr bekannten Reisehandbuchs hervor, welches sagt: „Die Aussicht von der Durham-Terrasse ist die schönste der Welt" und gleich darauf heißt es „Die Aussicht von der Grand Batterie" wird noch für viel schöner gehalten, als jene von der Durham-Terrasse. (!)

Huronen, in der Nähe von Montreal die Nachkömmlinge der Irokesen. Das größte Huronendorf ist Lorette, dessen dreitausend Einwohner allerdings durchaus Mischlinge sind, die in ihren Sitten wie in ihrem Aussehen viel mehr den französischen Canadiern als den Indianern ähneln, auch das Zelt- und Nomadenleben ihrer Väter schon längst mit festen Wohnsitzen vertauscht haben, die auf eigenen, ihnen von der Regierung eingeräumten Reservationen liegen. Nur dem Ackerbau sind sie noch immer fremd, alle Versuche, sie dazu zu bringen, waren bisher vergeblich. Sie nähren sich von der Jagd, vom Fischfang und durch den Verkauf ihrer eigenen Industrie-Produkte wie z. B. der Bogen und Pfeile, Moccassins, Schneeschuhe ꝛc. an Fremde. Sie sind insgesammt, von ihrem Häuptling herab bis zum jüngsten „Papouse", höchst friedlicher Natur, man würde in ihnen wohl kaum die Enkel jener im vorigen Jahrhundert so mächtigen Huronen-Nation vermuthen. Nach ihrer Niederlage durch die feindlichen Irokesen flüchteten sie in die Nähe von Quebec und gründeten hier 1697 an den Ufern des schönen St. Charles-Flusses die Niederlassung, welche heute den Namen Lorette führt. Der letzte der Huronen ist schon längst nach den „glücklichen Jagdgründen" gezogen. Die Mischlinge haben sogar ihre eigene Sprache verloren und nur an Sonntagen singen sie in der hübschen kleinen Dorfkirche ihre Hymnen in der alten Huronensprache, ohne sie jedoch zu verstehen. -

Ihre einstigen Feinde, die Irokesen, haben sich auf einer Reservation am rechten Ufer des St. Lorenzstroms, in der Nähe von Montreal angesiedelt. Aber obschon sie in Caughnawaga (dies ist der Name ihrer Ansiedlung) noch Vollblut-Indianer sind und ihre Sprache noch immer beibehalten haben, so sind ihnen die Friedenspfeife und der Tomahawk, die Kriegstänze wie das häusliche Wigwam doch schon gänzlich entfremdet. Caughnawaga erinnert viel mehr an ein Dorf armer irländischer Einwanderer, als an eine Indianer-Ansiedlung, nur die rothhäutigen Bewohner selbst, mit ihren eigenthümlich scharf geschnittenen Gesichtern, ihren dicken schwarzen Haaren, ihren dunklen Augen und das scheue Wesen erinnern uns daran, daß wir uns unter den Enkeln jener tapferen Nation befinden, welche gerade zweihundert Jahre zurück den Schrecken europäischer Soldaten bildete. Aber wie gesagt, ihr kriegerischer Geist ist vollständig geschwunden, nur hie und da kommen ihre barbarischen Gebräuche noch zum Durchbruch, ohne sich jedoch jemals gegen die Weißen zu richten, wie dies leider jenseits der Grenze, in den Vereinigten Staaten so häufig der Fall ist. Nur die Unlust zur Arbeit erbten sie von ihren Vorfahren. Auch bei ihnen scheiterten alle Bemühungen, sie zu Ackerbauern zu machen, nach wie vor ist ihre einzige Beschäftigung Jagd und Fischfang, während ihre, in ihrer Jugend ganz hübschen Weiber allerhand Gegenstände aus Baumrinde und Leder, mit rohen Stickereien aus kleinen Glasperlen verziert, anfertigen.

Die Indianer sind in Canada, im Verhältniß zur weißen Bevölkerung, zahlreicher als in den Vereinigten Staaten, und doch hat man niemals Gelegenheit, sich über sie zu beklagen*). Die Ursache dieses friedlichen Neben- und Miteinanderlebens zwischen den Indianern und Weißen ist die friedliebende, ehrliche Politik der canadischen Regierung, die mit der grausamen, betrügerischen, ganz unmenschlichen Behandlung der Indianer von Seiten der Vereinigten Staaten-Regierung sehr vortheilhaft kontrastirt. Es wurde dieser entwürdigenden Politik und des Vernichtungs-Krieges, welchen die Yankee-Nation gegenwärtig mit den Indianern führt, in einem

Quebec: Die Montmorenci-Fälle.

früheren Bande gedacht. Hier in Canada hat man Gelegenheit, die Vorzüge einer ehrlichen, gütigen und milden Politik gegenüber den einstigen Herren des Landes zu erkennen. Der Indianer steht vor dem Gesetze mit dem Weißen auf derselben Stufe, er hat dieselben Rechte. In den Vereinigten Staaten hingegen, die sich so viel auf ihre Sclavenbefreiung zugute thaten, auch dem Neger die gleichen Rechte mit den Weißen einräumten, ist der Indianer nicht besser als ein wildes Thier, das ausgehungert und ausgerottet werden muß. Die Indianerpolitik der Vereinigten

---

*) Die Gesammtzahl der Indianer Canadas beträgt ca. 90,000, von welchen 35,000 in Britisch Columbien, 14,000 in Manitoba und 3500 in der Provinz Ontario wohnen. Der Rest ist über die Hudson-Bai-Länder und die atlantischen Provinzen Canadas zerstreut.

Staaten wird stets ein dunkler Fleck in ihrer Entwicklungsgeschichte bleiben. Während demzufolge südlich der canadischen Grenzlinie die Indianer allmählich ganz ausgerottet werden, sind sie in Canada, allerdings vielleicht nur durch die Vermischung mit den Weißen, eher in Zunahme begriffen, sie bilden ein sehr wichtiges, in vielen Theilen der Dominion sogar sehr nützliches Element ihrer spärlichen Bevölkerung.

4. Die Hudson-Bai-Länder.

Der bisher geschilderte Theil Canadas bildet kaum ein Zehntel der ungeheuren Länderstrecken, welche die britischen Besitzungen Nordamerikas ausmachen. Nur der südöstlichste Theil der Dominion ist besiedelt und spärlich bevölkert, während der Rest, westlich und nördlich des Ottawastromes, heute noch ebenso unbebaut, unbewohnt und unbesucht ist, wie es die Vereinigten Staaten westlich des Alleghany-Gebirges zu Beginn dieses Jahrhunderts waren. Damals boten das gewaltige Mississippi-Becken und die Küsten des Stillen Oceans mit ihren Steppen und Urwäldern ganz denselben Charakter dar, niemand hätte gewagt, ihnen auch nur mehrere Jahrhunderte später einen ähnlichen Kulturzustand und eine ähnliche Bevölkerung zu prophezeien, wie wir sie heute dort finden. Canada reicht allerdings zur Hälfte in die Polar-Region hinein, die ewig nur von Eskimos bewohnt bleiben wird, und keine Aussicht auf Kultivirung bietet. Aber die südliche Hälfte Canadas kann an vielen Stellen bezüglich der Güte des Bodens, der Bewässerung und Fruchtbarkeit, mit dem besten Ackerlande des amerikanischen Westens verglichen werden.

Das Klima des canadischen Nordwestens ist sehr gesund. Der Winter dauert allerdings sogar in Manitoba, dem um den Winipeg-See gelegenen, in dem Breitengrade von Paris befindlichen Gebiete fünf Monate, vom November bis zum April, während welcher Zeit der Thermometer niemals über den Gefrierpunkt steigt, aber dafür ist der Schneefall sehr gering und die Schneedecke bleibt locker und körnig, so daß man es sich erklären kann, wie selbst am Athabaska-See, unter dem 55. Breitengrade Pferde im Freien überwintern können, indem sie ihre Nahrung unter dem Schnee suchen. In Iowa und Wisconsin ist dies kaum möglich.

Der Frühling wird durch die abwechselnden Nord- und Südwinde, bis Mitte Mai sehr unbeständig. Dann aber entwickelt sich die Vegetation viel schneller und kräftiger, als in den gemäßigten Zonen Europas; während der vier folgenden warmen Monate gelangen nicht nur alle Feldfrüchte, sondern sogar Mais, Melonen und viele andere Pflanzen zur Reife, die man in Europa nur in den südlichen Gegenden vorfindet. Der Herbst, auf die Monate September und Oktober beschränkt, ist von sehr beständiger trockener Witterung, und vielleicht die angenehmste Jahreszeit dieser Regionen. —

Die sprüchwörtliche Fruchtbarkeit der amerikanischen Prairien bewährt sich auch hier, in dem Gebiete des Winipeg-Sees. Die zahlreichen Farmer am Red-River verbrennen den Dünger, da die durchschnittlich vier Fuß dicke Schichte fruchtbarer Erde seiner nicht bedarf. — Nur hat die Agrikultur hier zeitweilig in den Ueberschwemmungen der Flüsse, den Prairiebränden, den Heuschrecken 2c., ganz dieselben Feinde, wie in den Prairien von Minnesota und Wisconsin.*)

Der einträglichen Cultivirung des Bodens steht in diesem Theile Canadas, sowie in dem sogenannten Nordwesten, ein Ländergebiet von der Ausdehnung des heutigen Frankreichs offen. Wenn man hierzu die Provinzen Ontario und Quebec, sowie die zwei maritimen Provinzen (Neu-Schottland und Neu-Braunschweig), sowie die unermeßlichen, theilweise noch unerforschten Gebiete von Rupertsland und Labrador rechnet, so wird man finden, daß Canada für hundert Millionen Menschen nicht nur Raum, sondern auch Lebensunterhalt darbietet, daß es einer viel größeren Zukunft entgegensieht, als man heute zu glauben geneigt ist.

Und diese Zukunft dürfte gar nicht so ferne liegen. Schon hat die Besiedlung des Gebietes an der Grenze der Vereinigten Staaten begonnen, schon entstanden an dem Gebiete des Red-River und des Winipeg-Sees Städte und Ansiedlungen, die mit erstaunlicher Schnelligkeit zunehmen. Von hier aus dringen die Ansiedler immer weiter gegen Norden vor; von der pacifischen Küste, welche die Provinz Columbien bildet, schreitet die Civilisation merklich nach Osten. Dazu bietet das

---

*) Die Ausdehnung der fruchtbaren Länderstrecken im nordwestlichen Theile Canadas ist sehr bedeutend. Die Diagonale die man vom Superior-See nach der Südgrenze des Territoriums Alaska zieht, bildet beiläufig die Scheidelinie zwischen dem fruchtbaren und dem Wüstengebiete Canadas; das letztere die Gebiete des Mackenzie- und Anyferminen-Flusses umfassend, muß noch für Jahrhunderte hinaus unberücksichtigt bleiben, während das südlich der genannten Scheidelinie gelegene Gebiet sich in drei verschiedene Theile zerlegen läßt — in die Steppe, Wald und Prairie. —

Das Steppenland ist eine Fortsetzung der amerikanischen „Bad lands" und umfaßt, am hundertsten Meridian gelegen, über 30 Millionen Acker. Diese Länderstrecke ist, mit Ausnahme weniger Stellen, aller Vegetation bar. Die Flüsse sind nahezu das ganze Jahr über trocken, und der Regenfall ist nicht genügend. Dagegen bietet das Gras, mit welchem die Steppen an manchen Theilen bedeckt sind, ein vorzügliches Futter für Pferde und Vieh, geradeso wie das „Buffalo-Gras" auf den Steppen von West-Kansas und Nebraska.

Die Prairien sind nahezu von derselben Ausdehnung wie die Steppen, sie lehnen sich auf der einen Seite an diese letzteren, auf der anderen an die Waldregion an. Ihr Boden ist ungemein fruchtbar, nur setzen sich die häufigen Stürme, begleitet von plötzlichem Temperatur-Wechsel, der Besiedlung und Bebauung sehr entgegen.

Die Waldregion ist bei einer Ausdehnung von nahezu 500 Millionen Acker die bedeutendste. Ein Viertel dieser Region ist der Kultivirung leicht zugänglich.

ganze Land in seinen wasserreichen Strömen Verkehrsmittel dar, von deren Ausdehnung man sich kaum eine Vorstellung machen kann. Die größten Dampfer und Seeschiffe können mit ihrer Ladung von Hamburg oder London direkt durch die Hudsons-Bai, den Nelsonstrom und den Winipeg-See bis in das Herz Canadas, nahezu 2000 Meilen von der atlantischen Seeküste entfernt, vordringen. Der Winipeg-See ist aller Wahrscheinlichkeit nach dazu berufen, in nicht zu ferner Zeit ein zweites Chicago an seinen Ufern entstehen zu sehen und zum Mittelpunkt des canadischen Handelsverkehrs zu werden. Die großen Wasserstraßen des Red-River und des Saskatschewan gestatten es, vom Winipeg-See mit großen, schweren Frachtschiffen noch auf viele hundert Meilen weiter landeinwärts vorzudringen, schon heute werden diese Ströme von mehreren Dampfern befahren, welche den Verkehr zwischen den Ansiedlern an den oberen Flußläufen und der Außenwelt vermitteln. —

Den größten Aufschwung wird jenen Gegenden jedoch die ihrer Vollendung entgegen gehende Northern-Pacific-Eisenbahn geben, welche südlich der canadischen Grenze von Duluth am Superior-See, durch die Territorien Dakota und Montana nach Oregon führen soll; sowie endlich auch die „Canadische Pacific-Eisenbahn" welche das südlich an die Vereinigten Staaten grenzende Columbia und seine Hauptstadt Neu-Westminster mit dem östlich der Felsengebirge gelegenen Manitoba und noch weiter mit Ober- und Unter-Canada verbinden soll. Die gänzliche Ausführung dieser an 4000 Meilen langen Bahn wird wohl noch viele Jahre auf sich warten lassen. Ist sie aber einmal vollendet, dann wird Canada in seinen südlichen Theilen zu ungeheurer Bedeutung gelangen.

Heute ist das ganze Gebiet noch immer im thatsächlichen, wenn auch nicht gesetzlichen Besitz der berühmten Hudson-Bai-Gesellschaft, welche in der Geschichte des Handels eine ähnliche Rolle spielt und bis auf die jüngste Zeit ähnliche Privilegien besaß, wie die englische East India Company (ostindische Gesellschaft). Die Gesellschaft wurde vor zweihundert Jahren gegründet und hatte bis vor ein Dezennium das Handelsprivilegium, die Gerichtsbarkeit und bürgerliche Gewalt über die Länder an der Hudson-Bai, Labrador und das Rupertusland, bis hinauf an den Mackenziestrom und den Bärensee inne. Vor einigen Jahren verkaufte die Gesellschaft (gegenwärtig unter dem Namen „International financial Company" bekannt) ihre Rechte um die Summe von 300,000 Pfd. an die canadische Regierung, aber sie blieb dessenungeachtet im Vollgenuß ihrer Privilegien, da auf so unwirthbaren, unbesiedelten und ausgedehnten Ländergebieten nur eine so wohlorganisirte, über die bedeutendsten Mittel verfügende Körperschaft Handel treiben kann, — der Erfolg für den Einzelnen undenkbar ist. Das Hauptgeschäft der Hudson-Bai-Gesellschaft war und ist der Tauschhandel mit den Indianern jener Regionen, sowie der An- und Verkauf des Pelzwerkes der von den Indianern und den Jägern der Compagnie erlegten zahlreichen wilden Thiere. Die Gesellschaft steht mit den Eingeborenen des Landes in freundlichem Einvernehmen; sie gründete die ersten Ansiedlungen und

In Britisch Columbia: Terrassen am Fraser-Fluß.

Forts der Weißen bis hinauf an den Athabaska und Mackenziestrom, ihre Schiffe und Schlitten bilden auch heute noch das einzige Verkehrsmittel zwischen den Ansiedlern und Europa. Alljährlich im Monat Juni verläßt ein Dreimaster, mit Vorräthen aller Art beladen, den Hafen von London und erreicht den Haupthafen der Gesellschaft, das an der Mündung des Nelsonstromes in die Hudson-Bai gelegene Städtchen York, im Monat September. Dort werden die im ganzen Territorium gesammelten Häute und Felle, das Jagdergebniß des ganzen Jahres auf das Schiff, geladen, nachdem es seine eigene Ladung gelöscht. Gewöhnlich findet es noch das Meer in der Hudson- und Davis-Straße offen, um die Rückfahrt nach Europa zu unternehmen.

Von York werden die Tauschwaaren, die Zeitungen und Briefe den Nelsonstrom hinauf nach Winipeg, dann auf Schlitten nach den Ansiedlungen der Jäger und Beamten der Compagnie am Athabaska- und Sclaven-See befördert. Die armen Weißen, welche dort droben, in der Nachbarschaft des nördlichen Eismeeres, 5000 Meilen von New-York, 7000 Meilen von Europa entfernt, wohnen, erreicht die Post nur einmal des Jahres. Die Schlitten, von Hunden gezogen, haben mehrere hundert Meilen durch Urwälder und Schneewüsten zurück zu legen, ehe sie diese entfernten Außenposten der weißen Civilisation erreichen, und so ist es auch begreiflich, daß, obschon ein Jahrzehnt seit der Aufhebung des Privilegiums der Hudson-Bai-Gesellschaft vergangen, diese letztere doch noch den ganzen Handel des Rupertuslandes in ihren Händen hat.

Neben Neu-Schottland, Neu-Braunschweig und dem Gebiet des St. Lorenz-stromes wird sich entschieden Britisch Columbien am raschesten entwickeln. — Obschon in der Höhe des eisigen, höchst spärlich bewohnten Labrador gelegen, ist das Klima dort, am Westabhange der Felsengebirge, sehr mild und der Boden ergiebig. Dazu besitzt die Provinz einen bedeutenden Gold- und Mineral-Reichthum, der schon viele Einwanderer in die fruchtbaren Thäler des Thompson- und Fraser-Flusses gelockt hat. Columbien und die ihm vorliegende große Vancouver-Insel stehen durch das Meer mit Californien und Oregon in stetem Verkehr und werden ihre Besiedlung hauptsächlich von dort zu erwarten haben. Vorderhand sind auf dem ganzen, an Umfang Deutschland gleichendem Gebiete nur geringe Anfänge vorhanden. Das Land wird von wilden Indianerstämmen bewohnt, — die weiße Kultur hat sich erst an den Küsten und Flußläufen festgesetzt. In wenigen Dezennien wird das freilich anders geworden sein!

Kaiserlich Deutsche Post.

Hamburg-Amerikanische Packetfahrt-Actien-Gesellschaft.

DIRECTE POST-DAMPFSCHIFFFAHRT

vermittelst der grossen Post-Dampfschiffe **Westphalia, Cimbria, Allemannia, Silesia, Vandalia, Frisia, Lotharingia, Cyclop, Suevia, Lessing, Herder, Gellert, Wieland, Borussia** (neu), **Saxonia** (neu), **Bavaria** (neu) und **Teutonia** (neu).

Zwischen **Hamburg** und **New-York**

auf der Ausreise Hâvre, auf der Rückreise Plymouth und Cherbourg anlaufend,
von Hamburg jeden Mittwoch früh Morgens
von Hâvre jeden Sonnabend früh Morgens.

Passage-Preise

einschliesslich vollständiger Beköstigung, excl. Wein und sonstiger Getränke, bis auf Weiteres:

	1ste Cajüte	2te Cajüte	Zwischendeck
von Hamburg nach New-York	Rm. 500	Rm. 300	Rm. 120
do. do. und zurück nach Plymouth, Cherbourg oder Hamburg	„ 780	„ 460	„ 200
„ Southampton nach New-York	LSt. 24. —	LSt. 15. —	KSt. 6. 10
do. do. und zurück nach Plymouth, Cherbourg oder Hamburg	„ 38. —	„ 23. —	„ 10. —
„ Hâvre nach New-York	Fres. 600	Fres. 370	Fres. 150
„ do. „ do. und zurück nach Plymouth, Cherbourg oder Hamburg	„ 950	„ 570	„ 250
„ New-York nach Plymouth, Cherbourg und Hamburg	Doll. 100 Gold	Doll. 60 Gold	Doll. 30 Currency
„ New-York nach Plymouth, Cherbourg und Hamburg und zurück nach New-York	„ 185	„ 110	„ 50
„ Hamburg nach Hâvre	Rm. 72	Rm. 50	Rm. 25
„ Plymouth nach Cherbourg	LSt. 2. —	LSt. 1. 5	LSt. —. 15
„ do. „ Hamburg	„ 4. —	„ 2. 10	„ 1. 10
„ Cherbourg oder Hâvre nach Hamburg	Fres. 90	Fres. 60	Fres. 30

Kinder unter 10 Jahren die Hälfte.

Zwischen **Hamburg, Westindien** und **Mexico**

auf der Ausreise und Rückreise Hâvre anlaufend,

nach **St. Thomas, La Guayra, Puerto Cabello, Port au Prince, Cap Hayti, Gonaives, Puerto Plata, San Juan de Puerto Rico, Ponce, Curaçao, Savanilla, Colon** mit Anschlüssen von Colon via Panama nach allen Häfen des Stillen Oceans und über San Francisco nach Japan und China, Australien und Neu-Seeland; ferner via **St. Thomas** nach **Havanna, Veracruz, Tampico, Progreso.**

Von Hamburg den 7. und 21. jeden Monats
„ Hâvre „ 10. „ 24. „ „

Passagepreis im Zwischendeck nach allen vorstehend genannten Plätzen diesseits Colon M. 210. —
do. do. nach San Francisco . . . . . „ 345. —

Näheres bei den Agenten der Gesellschaft:

in *Hamburg*: Aug. Bolten, William M'Ilers Nachf., 33/34 Admiralitäts Strasse.
In *Berlin*: Aug. Langer, Invalidenstrasse 100. Wilh. Mahler, „ „ 121.
In *Mainz*:
in *Aschaffenburg*: F. J. Hofhof.
In *Frankfurt a.M.*: C. H. Textor, Neue Mainzerstrasse 22
in *Stuttgart*: Carl Anselm, Schmalestrasse 9.
in *Cöln*: Wilh. Maussen, Lyskirchen 5.
in *Dresden*: Adolph Hessel, Schefflelstrasse 7.

in *Leipzig*: F. Kohlmann, Neukirchhof 14.
in *Hârre*: A. Broström & Co., Quai Videcoq 5.
in *Paris*: A. Broström & Co., Rue Scribe 2. Grand Hôtel.
in *Cherbourg*: A. Bonills & Ols.
in *London*: Smith Sundius & Co., 33 Graco Church Street.
in *Plymouth*: Smith Sundius & Co., 11 Millbay Road.
in *New-York*: Kunhardt & Co., 61 Broad Str. C. B. Richard & Boas, 61 Broadway.

Hamburg 1879.

Die Direction.

Eine der interessantesten Touren für den

Touristen in Amerika

ist die Fahrt vom Missouri nach dem Felsengebirge in

Colorado, der amerikanischen Schweiz,

vermittelst der

Atchison-, Topeka- und Santa-Fé-Eisenbahn.

Die direkteste und interessanteste Route nach allen Punkten in Neu-Mexiko, Arizona und den berühmten Gold- und Silbergruben in den San-Juan-Gebirgen, sowie nach Pueblo, Colorado-Springs, Denver und sämmtlichen Kurorten längs der

Denver- und Rio-Grande-Eisenbahn.

Touristen nach Salt Lake City und San-Francisco sollten nicht verfehlen, ihren Weg von Kansas-City, der Metropole des Missouri-Thales, vermittelst der

Atchison-, Topeka- und Santa-Fé-Eisenbahn

über Topeka, der Hauptstadt von Kansas, Pueblo in Süd-Colorado und Denver zu wählen, denn sie führt durch

die anerkannt reichste landwirthschaftliche Region

des amerikanischen Continents, die Thäler des Cottonwood und des oberen Arkansas

in Süd-Kansas

das Paradies des deutschen Landwirthes und Viehzüchters und bietet von Pueblo nach Denver

das großartige Panorama der höchsten Gebirgskette Nord-Amerikas.

Keine Eisenbahn der Welt übertrifft die Atchison-, Topeka- und Santa-Fé-Eisenbahn in eleganter Ausstattung und luxuriösem Comfort ihrer

Pullman-Schlaf-Waggons.

Der Palast-Waggon „Granada", berühmt durch die allgemeine Bewunderung, welche er als Modell, als das Meisterstück seiner Art auf der Welt-Ausstellung in Philadelphia erregte, wurde speziell für die Atchison-, Topeka- und Santa-Fé-Bahn gebaut, und die übrigen Schlafwagen der Bahnlinie gleichen demselben in Eleganz, Comfort und praktischer Einrichtung.
Die Atchison-, Topeka- und Santa-Fé-Bahn hat direkten Anschluß in Kansas-City und Atchison mit allen Bahnlinien, welche das Missouri-Thal mit dem Atlantischen Ocean verbinden, ohne Wagenwechsel vom Missouri bis zum Felsengebirg., und ist die einzige Bahnlinie, deren Waggons mit der Westinghouse Luft-Bremse und Millers Sicherheits-Plattform versehen sind.

Wegen näherer Auskunft wende man sich an

T. J. Anderson, Gen'l Passenger Agent,
Topeka, Kansas U. S. A.

oder

Julius Simon, Nr. 12 Alterwall, Hamburg.
General-Agent für Europa.